POLYGLOTT on tour

CH. W.

Lissabon

Die Autorinnen

Heidrun Reinhard

studierte in München Kunstgeschichte und Germanistik. Sie interessiert sich vor allem für die regionale Vielfalt Südeuropas und wohnte einige Zeit in der Nähe von Lissabon. Heute lebt die freie Autorin in München und Venedig.

Susanne Lipps

Die promovierte Geografin hat sich als Autorin verschiedener Reise- und Wanderführer zu Spanien und Portugal einen Namen gemacht. Lissabon kennt sie seit über 20 Jahren. Seither hat sie die Stadt immer wieder als Studienreiseleiterin oder auf Privatreisen gerne besucht.

REISEPLANUNG

Die Stadtviertel im Überblick 8
Extra-Touren 9
Tour 1 Ein Wochenende in Portugals Hauptstadt 9
Tour 2 Fünftägige Städtereise 11
Tour 3 Mit ungewöhnlichen Verkehrsmitteln unterwegs 12
Tour 4 Kunstvolle Fliesen – eine Thementour 13
Klima & Reisezeit 15
Anreise 16
Stadtverkehr 17
Sport und Aktivitäten 21
Unterkunft 23
Essen & Trinken 25
Shopping 31
Am Abend 34
Infos von A–Z 137
Register 140
SPECIAL Kinder 19
SPECIAL Fußball 22
SPECIAL Szenetreffs 36
SPECIAL Fado 56
SPECIAL Aquädukt 99
SPECIAL Parque das Nações 122

LAND & LEUTE

Steckbrief Lissabon 40
Geschichte im Überblick 42
Kunst & Kultur 45
Feste & Veranstaltungen 54
Mini-Dolmetscher 144

Allgemeine Karten

Übersichtskarte der Kapitel 4
Die Lage von Lissabon 40
Ausflüge 124

Stadtteil-Karten

Altstadt 62
Baixa 75
Oberstadt und West-Side 82
Avenida da Liberdade 103
Avenidas Novas 109
Belém 113
Metroplan Umschlag hinten

TOP-TOUREN IN LISSABON

Altstadt 60

Tour 5 Zurück zu den Anfängen 61

Baixa 71

Tour 6 Geschäftsviertel vom Reißbrett 73

Oberstadt und West-Side 79

Tour 7 Chiado und Bairro Alto 81

Tour 8 Westlich des Zentrums 91

Avenidas 100

Tour 9 Avenida da Liberdade 101

Tour 10 Avenidas Novas 107

Belém 111

Tour 11 Denkmäler der Seefahrerzeit 112

Ausflüge 119

Museu Nacional do Azulejo 120

Museu da Água 121

Museen am Campo Grande 121

Quinta do Monteiro Mor 124

Alto de Monsanto mit Fronteira-Palast 125

Estoril und Cascais 126

Entlang der Atlantikküste 128

Sintra und Umgebung 130

Rokokopalast von Queluz 135

Klosterschloss von Mafra 136

Erst-! klassig

Nostalgische Verkehrsmittel 17

Strände bei Lissabon 21

Wohnen mit Alt-Lissabonner Flair 24

Esplanadas 35

Die sehenswertesten Museen 51

Die schönsten Gärten und Parks 52

Die reizvollsten Aussichtspunkte 69

Zeichenerklärung der Karten

- 6 – Top 12 Tipp
- beschriebenes Stadtviertel (Seite=Kapitelanfang)
- 32 oder A – Sehenswürdigkeiten
- 4 – Tourenvorschlag in Stadt
- Autobahn
- Schnellstraße
- Hauptstraße
- sonstige Straßen
- Fußgängerzone
- Eisenbahn
- Staatsgrenze
- Landesgrenze
- Nationalparkgrenze

POLYGLOTT Top 12

1. Castelo de São Jorge
2. Alfama
3. Igreja de São Vicente de Fora
4. Elevador de Santa Justa
5. Café A Brasileira
6. Bairro Alto
7. Museu Nacional de Arte Antiga
8. Museu Calouste Gulbenkian
9. Belém
10. Museu Nacional do Azulejo
11. Parque das Nações mit Oceanário
12. Sintra

10

Straßenbahnen in der Rua do Arsenal

REISE-PLANUNG

Die Stadtviertel im Überblick

Rings um den 120 m hohen Burgberg, auf dem das Castelo de São Jorge thront, scharen sich die Viertel von Lissabons **Altstadt:** das Fischerquartier Alfama mit seinem romantischen Gassengewirr, das sehr ursprüngliche Viertel Graça und die auf maurische Zeiten zurückgehende Mouraria. Prunkvolle Kirchen und grandiose Aussichtspunkte sind hier die großen Attraktionen, doch daneben gibt es viele Details, nette kleine Plätze und urige Lokale zu entdecken. Eine altertümliche Straßenbahn aus der Zeit um 1900 dreht ihre Runden durch diesen wohl nostalgischsten Teil der Stadt.

Nach dem schweren Erdbeben von 1755 entstand die **Baixa,** Lissabons Unterstadt, völlig neu als Viertel der Händler. Weder Kirchen noch Adelspaläste wurden vorgesehen. Vornehme Geschäftshäuser säumen die regelmäßig und rechtwinklig angelegten Straßenzüge. Sie beherbergen anspruchsvolle Bekleidungsläden und teure Juweliere, die sich oft noch selbst der Herstellung der traditionellen, fein gearbeiteten *filigranas* widmen. In der Baixa und rund um ihre Eingangspforten, die weitläufigen Plätze Rossio und Praça do Comércio, kann man auch gut Essen gehen – in jeder Preisklasse.

Westlich der Baixa bildet die **Oberstadt** das Gegenstück zur vis-à-vis gelegenen Altstadt. Auch sie wurde auf einem Hügel, in bester Aussichtslage, angelegt. Zwei ehrwürdige Standseilbahnen *(elevadores)* und ein nicht minder betagter Aufzug führen zu den historischen Vierteln der Oberstadt hinauf. Im noblen Chiado entstanden im 19. Jh., in der Gründerzeit, prächtige Bürgerhäuser. Die Literaten der damaligen Zeit wussten die kreative Atmosphäre des »A Brasileira« und anderer Kaffeehäuser im Chiado zu schätzen. Bunter und weniger vornehm wirkt das Bairro Alto. Hier reihen sich alternative Boutiquen und Werkstätten von Jungkünstlern aneinander. Abends und nachts beleben sich die kleinen Ess- und Fadolokale. Ruhiger geht es in der angrenzenden **West-Side** zu, einem Mosaik aus Wohngegenden für mehr oder weniger Betuchte, unter denen das Parlamentsviertel und das Künstlerquartier Campo de Ourique herausragen. Highlights unter den Besichtigungsobjekten sind das Nationalmuseum der Alten Kunst, die Basílica da Estrela und der eigenartige Friedhof von Prazeres.

Neueren Datums, nämlich der Stadterweiterung im 20. Jh. zu verdanken, sind die **Avenidas.** Als Prachtallee führt die in der Jugendstilepoche angelegte Avenida da Liberdade, vom Rossio ausgehend, aus der Stadt heraus. Auch wenn ihre Glanzzeiten vorüber sind, so lieben es Flaneure doch immer noch, die Auslagen der teuren Geschäfte zu betrachten, sich im Schatten hoher Bäume in Straßencafés niederzulassen, durch den weitläufigen Parque Eduardo VII. oder das hochkarätige Museu Calouste Gulbenkian zu schlendern und abends vielleicht eines der Kinos oder Varietétheater an der

Avenida zu besuchen. Gänzlich anderen Charakters sind die neueren Avenidas weiter nordöstlich. Zu Beginn des Jahrtausends, als Portugal einen vorübergehenden Wirtschaftsboom erlebte, entstanden dort gläserne Bürohochhäuser.

Zu jedem Lissabon-Besuch gehört ein Abstecher in das Richtung Atlantik vorgeschobene Villenviertel **Belém,** wo im 15. und 16. Jh. die großen Entdecker in See stachen und nach glücklicher Rückkehr triumphal empfangen wurden. Hier residierten die portugiesischen Könige, umgeben von ihrem Adel. Absolute Höhepunkte stellen das Hieronymitenkloster und die Torre de Belém dar, beide von der UNESCO als Weltkulturerbe ausgezeichnet. Daneben locken diverse interessante Museen und tropische Parks mit exotischer Flora.

Extra-Touren

Tour 1 Ein Wochenende in Portugals Hauptstadt

Tour-Übersicht:

Praça do Comércio › Baixa › Chiado › Alfama › Sé › Castelo de São Jorge › Fahrt mit dem Eléctrico durch die Altstadt › Besuch eines Fadolokals in der Alfama oder im Bairro Alto › Belém › Parque das Nações mit Oceanário de Lisboa › Restaurantbesuch

Praktische Hinweise:

Zwei volle Tage sollten Sie für Lissabon zur Verfügung haben. Daher empfiehlt es sich, die Anreise für Freitag und die Rückreise für Montag zu planen. Quartier beziehen Sie am besten in zentraler Lage, um zeitraubende Anfahrten zu vermeiden.

1. Tag: Wer mag, kann sich bereits am Freitag, am **Abend** des Ankunftstages, ins Lissabonner Nachtleben stürzen. Zumindest lohnt ein erster Rundgang über die abends stimmungsvoll beleuchtete ****Praça do Comércio** › **S. 77** und durch die **Baixa** › **S. 73,** wo man in typischen Restaurants ein gepflegtes Dinner einnehmen kann.

2. Tag: Den **Vormittag** des zweiten Tages, Samstag, sollten Sie dem ****Chiado** › **S. 81** widmen, dessen Geschäftsstraßen sich dann beleben. Ein besonderes Erlebnis ist hier die Einkehr in einem der nostalgischen Literatencafés. Gegen Mittag schließen die meisten Läden der Innenstadt für den Rest des Wochenendes. Jetzt ist es Zeit, die Gassen der ****Alfama** › **S. 65** zu durchstreifen, gegrillte Sardinen in einem der typischen Lokale zu verspeisen, anschließend der ehrwürdigen Kathedrale **Sé › S. 63 einen Besuch abzustatten, die Aussicht vom **Castelo de São Jorge › S. 64 zu genießen und bei einer Fahrt mit der historischen Straßenbahn den Rest der Altstadt zu erkunden. **Abends** ist dann wiederum Nightlife angesagt. Keinesfalls sollten Sie den Besuch eines Fadolokals versäumen, entweder in der Alfama oder im **Bairro Alto › S. 87. Dort ist auch der nächtliche Blick vom *Miradouro São Pedro de Alcântara › S. 86 nicht zu verachten.

3. Tag: Folgen Sie am Sonntag den Lissabonnern, die dann Ausflüge in die Umgebung der Stadt unternehmen, nach **Belém** › S. 111. Vermutlich werden Sie einen Großteil des Tages hier verbringen, denn der noble Vorort ist überreich mit Sehenswürdigkeiten ausgestattet. Zum Pflichtprogramm gehören das ***Mosteiro dos Jerónimos › S. 112, ein gewaltiges, reich im Stil der Manuelinik verziertes Kloster, und der Seefahrerturm ***Torre de Belém › S. 116 an der Einfahrt zum Tejo. Wenn noch Zeit bleibt, sollten Sie am **Nachmittag** per Metro zum **Parque das Nações › S. 122, dem ehemaligen EXPO-Gelände am anderen Ende der Stadt, hinausfahren. Hier frönen die Stadtbewohner auch am Wochenende fast durchgehend dem Shopping-Vergnügen. Hauptattraktion ist das **Oceanário de Lisboa › S. 123, eines der größten Aquarien Europas. **Abends** ist am Sonntag nicht allzu viel los, etliche Lokale sind gar geschlossen. Genießen Sie zum Abschluss dieses Kurztrips doch einfach die sicher auch nicht zu verachtende Küche Ihres Hotels oder lassen Sie sich von der Rezeption ein geöffnetes Lokal in der Nähe empfehlen.

Vom Castelo de São Jorge eröffnet sich ein weiter Blick über die Stadt und den Tejo

Tour 2 Fünftägige Städtereise Lissabon

Tour-Übersicht:

Altstadt › Baixa › Bairro Alto › Chiado › West-Side › Museu Nacional de Arte Antiga › Mercado da Ribeira › Belém › Nachtleben im Bairro Alto › Sintra › Parque das Nações

Praktische Hinweise:

Günstige Flüge gibt es oft mitten in der Woche, während die Hotels meist günstige Wochenendpakete anbieten. Ideal ist ein Aufenthalt von Mittwoch bis Sonntag. Reisen Sie am Morgen an, um schon am späteren Vormittag Ihr Quartier beziehen zu können, das auch gerne an der Peripherie liegen kann, denn Sie haben genügend Zeit, um die wichtigsten Ziele in und um Lissabon mit öffentlichen Verkehrsmitteln anzusteuern. Die Rückreise erfolgt am besten am Sonntagabend.

1. Tag: Den 1. Tag (Mittwoch) widmen Sie am besten der **Altstadt** › **S. 61**, die Sie ausgiebig erkunden können. Danach lohnt ein Streifzug durch die **Baixa** › **S. 73** mit anschließendem Abendessen.

2. Tag: Am 2. Tag (Donnerstag) beschäftigen Sie sich dann in aller Muße mit der **Oberstadt** › **S. 81**, am Vormittag vielleicht mit dem ****Chiado** › **S. 81**. Danach bietet sich ein Besuch in einem der Esslokale des Parlamentsviertels an, bevor es per Straßenbahn in die **West-Side** › **S. 91** geht. Dort sollten Sie das ****Museu Nacional de Arte Antiga** › **S. 94** keinesfalls versäumen.

3. Tag: Schlendern Sie am 3. Tag (Freitag) durch den ***Mercado da Ribeira** › **S. 78**, die schöne städtische Markthalle mit buntem Warenangebot, und fahren Sie anschließend nach **Belém** › **S. 111**, um die dortigen Sehenswürdigkeiten wie das prächtige *****Mosteiro dos Jerónimos** › **S. 112**, Museen und Parks ausgiebig zu besichtigen. Abends treffen Sie in den engen, kleinen Restaurants des ****Bairro Alto** › **S. 87** viele junge Lissabonner, die den Beginn des Wochenendes feiern, und haben vielleicht auch Gelegenheit, den berühmten Fado zu hören.

4. Tag: Den 4. Tag (Samstag) sollten Sie für einen Ausflug in die königliche Sommerfrische *****Sintra** › **S. 130** mit ihren romantischen Palästen und Gärten, einem eigenen kühleren Mikroklima und üppiger Flora reservieren – besonders an heißen Sommertagen eine erfrischende Abwechslung. Abends geht es dann vielleicht in einen der traditionellen Bierkeller Lissabons, z.B. die mit schönen Fliesenbildern *(azulejos)* geschmückte **Cervejaria Trindade** › **S. 27, 84**.

5. Tag: Den Sonntag, Ihren 5. Reisetag, verbringen viele Einheimische im ****Parque das Nações** › **S. 122**, dem ehemaligen EXPO-Gelände mit vielen Attraktionen. Tun Sie es ihnen nach, bevor am Abend die Rückreise auf dem Programm steht.

Tour 3 Mit ungewöhnlichen Verkehrsmitteln unterwegs

Tour-Übersicht:

Eléctrico 28: Praça do Comércio › Sé › Alfama › Mouraria › Praça da Figueira; Elevador do Lavra: Jardim do Torel; Elevador da Glória: Miradouro São Pedro de Alcântara › Chiado; Elevador de Santa Justa: Bairro Alto; Elevador da Bica: São Paulo; Eléctrico 25: Praça do Comércio › Oriente › Parque das Nações › Telecabine

Praktische Hinweise:

Diese Tour nimmt zwei Tage in Anspruch. Von ihr angesprochen fühlen werden sich vor allem Nostalgiker, die Spaziergänge durch die Stadt mit Fahrten per historischer Straßenbahn *(eléctrico)*, verschiedenen Standseilbahnen *(elevadores)* und einem Aufzug von 1901 miteinander kombinieren möchten. Aber auch ein modernes Verkehrsmittel ist dabei, die Seilbahn im Parque das Nações.

1. Tag: Am 1. Tag steht natürlich die Rundfahrt mit dem berühmten **Eléctrico 28** durch die Lissabonner Altstadt auf dem Programm. Steigen Sie an der ****Praça do Comércio** › **S. 77** zu. Von dort rattert die altertümliche Straßenbahn zur ****Sé** › **S. 63** hinauf und weiter durch die ****Alfama** › **S. 65**. Nächste Touretappe ist das weniger von Touristen frequentierte Viertel **Graça** › **S. 69**, wo sich das Leben der Einheimischen noch in seit Jahrzehnten unveränderter Weise abspielt. Schließlich rumpeln die Waggons abwärts durch die engen Straßen der ***Mouraria** › **S. 70**, des alten Maurenviertels. Bevor Sie die Bahn in der Nähe der Praça da Figueira verlassen, können Sie die Fahrt unterwegs nach Belieben unterbrechen, um Abstecher zu den Sehenswürdigkeiten und Aussichtspunkten der Altstadt zu unternehmen. Nach dem Mittagessen – vielleicht in der originellen ***Casa do Alentejo** › **S. 102** – laufen Sie in ca. 15 Min. zur Talstation des **Elevador do Lavra** › **S. 102**. Die Standseilbahn von 1884 bringt Sie zum ***Jardim do Torel** › **S. 104** mit großartigem Blick nach Westen über die Avenida da Liberdade hinweg zur Oberstadt. Fahren Sie wieder hinunter und gehen Sie ca. 5 Min. zum **Elevador da Glória** › **S. 86** hinüber. Mit diesem gelangen Sie zu einem weiteren absolut besuchenswerten Aussichtspunkt, dem ***Miradouro São Pedro de Alcântara** › **S. 86**. Anschließend können Sie sich dem angrenzenden Literatenviertel ****Chiado** › **S. 81** widmen und in einem der dortigen Cafés einkehren.

Lissabons Standseilbahnen, wie der Elevador da Bica, überwinden steile Gassen

2. Tag: Am 2. Tag fahren Sie noch einmal zum Chiado hinauf, diesmal mit dem ****Elevador de Santa Justa** › S. 74, dem von einem Eiffel-Schüler installierten Eisenaufzug. Nach einem Bummel durch das ****Bairro Alto** › S. 87 steht eine dritte Standseilbahn auf dem Programm, der ***Elevador da Bica** › S. 92 (ab Elevador de Santa Justa direkter Weg ca. 10 Min., mit Bummel durch die Seitenstraßen entsprechend länger). Mit diesem gleiten Sie abwärts in das Stadtviertel **São Paulo** › S. 92, wo Sie Anschluss an den **Eléctrico 25** haben. Die Straßenbahn bringt sie wiederum zur Praça do Comércio, wo Einkehrmöglichkeit im charmanten Restaurant **Martinho da Arcada** › S. 78 besteht. Per Metro fahren Sie anschließend ab Terreiro do Paço bis zur Station **Oriente** › S. 123, die dank ihrer aufwendigen Dekoration mit *azulejos* (Fliesen) eine Sehenswürdigkeit für sich darstellt. Zum Abschluss der Tour besteigen Sie im unmittelbar angrenzenden ****Parque das Nações** › S. 122 die Seilbahn **Telecabine** › S. 123. Mit ihr schweben Sie am Tejo-Ufer entlang und genießen in aller Ruhe den Blick über das ehemalige EXPO-Gelände.

Tour 4 Kunstvolle Fliesen – eine Thementour

Tour-Übersicht:

Palácio dos Marqueses da Fronteira › Museu Nacional do Azulejo › Oriente › Igreja São Roque › Cervejaria Trindade

Praktische Hinweise:

Für diese Tour sollten Sie sich einen kompletten Tag Zeit nehmen. Sonntag und Montag oder Feiertage kommen wegen der Öffnungszeiten nicht in Frage.

› Karte S. 4

Prächtiges Azulejo-Dekor im traditionellen Bierkeller Cervejaria Trindade

Zur Einstimmung fahren Sie am Vormittag ab Ⓜ Sete Rios/Jardim Zoológico mit Bus 70 per Metro und Bus zum ***Palácio dos Marqueses da Fronteira** › **S. 126**, der überreich mit *azulejos* (Fliesen) aus der Barockzeit (17. Jh.) geschmückt ist. Im Garten wurden sie zu Bildern zusammengesetzt, in deren Mittelpunkt die Jahreszeiten stehen; an der Veranda karikieren sie das Leben von König und Adel der damaligen Zeit, die mit Affengesichtern dargestellt sind. Im Haus dokumentieren Azulejo-Bilder acht wichtige Schlachten im Unabhängigkeitskrieg gegen Spanien (1640–1668). Nächstes Ziel ist das ebenfalls per Metro oder Bus erreichbare ****Museu Nacional do Azulejo** › **S. 120** (Di–So 10–18 Uhr geöffnet; Ⓜ Restauradores, Rossio oder Santa Apolónia, weiter mit Bus 759 oder bis Ⓜ Saldanha und von dort weiter mit Bus 718/742). Hier erfahren sie interessante Details zur Herstellung und Geschichte der portugiesischen Fliesen.

Moderne Azulejos können Sie danach in der Metrostation **Oriente** › **S. 123** besichtigen (zu erreichen ab Ⓜ Santa Apolónia, dorthin ab Museu Nacional do Azulejo ca. 15 Min. zu Fuß oder mit Bus 759). Anschließend gleiten Sie vom Rossio (Ⓜ Restauradores) mit der Standseilbahn Elevador da Glória ins Chiado-Viertel hinauf, wo Sie vor 17 Uhr eintreffen sollten, um die in Majolikatechnik bemalten Azulejos in der ***Igreja de São Roque** › **S. 85** bewundern zu können. Die Fliesen stammen aus der Renaissance (16. Jh.) und zählen zu den ältesten aus Lissabonner Werkstätten. Zum Abschluss bietet sich ganz in der Nähe die Einkehr in Lissabons berühmtestem Bierkeller an, der **Cervejaria Trindade** › **S. 27, 84**. Großflächige allegorische Motive aus dem 19. Jh. zieren die Fliesenwände im Speisesaal.

Klima & Reisezeit

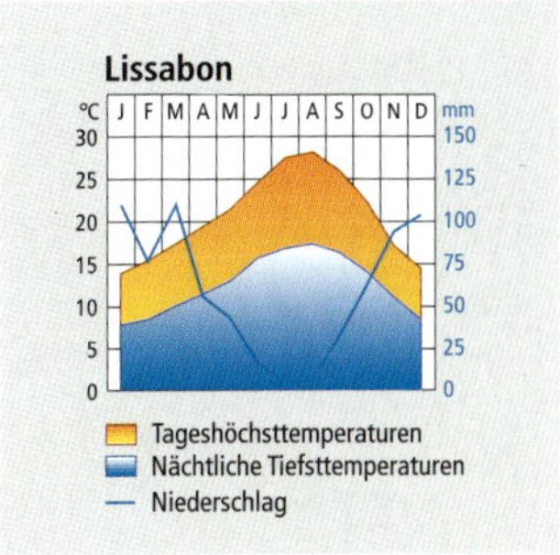

Das Wetter in Lissabon ist so kontrastreich wie die Stadt selbst. Es wird einerseits durch die südliche Lage – fast auf demselben Breitengrad wie Athen –, andererseits durch atlantische Einflüsse geprägt. Richtig ins Schwitzen kommt man meist nur im Hochsommer. Aber auch dann sind die Nächte erträglich. In den übrigen Jahreszeiten kann es immer wieder überraschend kühl werden; Regen und Nebelgrau sind keine Ausnahmeerscheinungen. Am feuchtesten sind Winter und Frühjahr bis etwa Mai. Frost gibt es nicht. Es grünt und blüht den ganzen milden Winter hindurch bis über das Frühjahr hinaus.

Berühmt ist das atlantische Licht, das mit seinem Kontrast aus Sonnenhelligkeit und tiefen Schatten die blätternde Pracht der alten Stadt überglänzt. Nicht selten ist der Himmel aber auch milchig verschleiert und der Dunst verschluckt die Farben.

Für Stadtbesichtigungen eignen sich das Frühjahr von April bis Juni und der frühe Herbst (September, Oktober) am besten. Fast den ganzen Juni über finden auf den Plätzen und Straßen Lissabons Stadtfeste statt. Im Juli und August kann es in der Stadt drückend warm sein, teilweise mit Temperaturen über 30 °C. Allerdings fällt kaum Niederschlag und Badesaison ist eigentlich nur in dieser Zeit. Hauptferienmonat in Portugal ist der August. Dann geht es in der Stadt sehr ruhig zu, weil alle ans Meer fahren. Ein besonderes Mikroklima hat die »Riviera« Lissabons, die Costa do Estoril. Hier sind die Winter äußerst mild und beständig, da dieser Küstenabschnitt durch seine Lage vor den Atlantikwinden geschützt ist. Auch die Bergregion von Sintra weist ein eigenes Mikroklima auf, mit viel Nebel und Feuchtigkeit sowie Temperaturen, die im Sommer meist erheblich unter denen Lissabons liegen.

Am Hafen des Seebads Cascais

Anreise

Mit dem Flugzeug

TAP Portugal (www.flytap.com) bietet Nonstop-Flüge von Düsseldorf, Frankfurt/M., Hamburg, München, Wien und Zürich nach Lissabon. Der Hin- und Rückflug kostet ab 280 €. Weitere Anbieter sind Lufthansa, Austrian Airlines (mit Umsteigen) und Swiss. Gute Verbindungen von Deutschland, Österreich und der Schweiz bietet Air Berlin (www.airberlin.com), allerdings mit Umsteigen am Drehkreuz Palma de Mallorca, ab 320 € (hin und zurück).

Der **Aeroporto de Lisboa** (www.ana.pt) liegt 13 km nordöstlich des Stadtzentrums. In die City gelangt man mit dem Taxi (ca. 15 €; Táxi Voucher bei Turismo de Lisboa › **S. 137**), der U-Bahn Linha Vermelha, den Bussen Nr. 744 bis Praça Marquês de Pombal und Nr. 208 bis Cais do Sodré oder dem Aerobus Nr. 1 (www.yellowbustours.com), der Praça Marquês de Pombal, Praça dos Restauradores, Rossio und den Cais do Sodré ansteuert (das Ticket gilt als Tageskarte für Busse/Straßenbahn; 3,50 €; letzte Fahrt 23 Uhr). Infos bei der Touristeninformation in der Ankunftshalle.

Mit der Bahn

Die direkte Verbindung verläuft über Paris und Madrid. Ab Frankfurt/M. dauert die Reise 33–34 Std. Die Fahrt kostet ca. 400 € (einfach). Meist lohnt der Kauf des InterRail Global Pass (www.interrail.eu; Erw. ab 26 J. 4 Wochen ab 658 €, Jugendliche bis 25 J. ab 435 €). Fernzüge und Züge aus dem Norden laufen am Bahnhof Santa Apolónia ein. Sie halten vorher am Hauptbahnhof Lisboa Oriente. An beiden Bahnhöfen besteht Metroanschluss.

Mit dem Europabus

Europabusse fahren mehrmals in der Woche von verschiedenen deutschen Städten in Deutschland, Österreich und der Schweiz nach Lissabon (Fahrzeit 30–40 Std.; einfache Fahrt ca. 130 €, hin und zurück ab 200 €). Die Busse halten in Lissabon am Busbahnhof Estação Sete Rios, Nähe Jardim Zoológico Ⓜ. Infos und Buchung: Deutsche Touring (www.touring.de), Austria Blaguss Reisen (www.eurolines.at), Alsa + Eggmann (www.eurolines.ch).

Mit dem Auto

Die Anreise mit dem eigenen Auto lohnt sich nur bei längeren Aufenthalten im Land. Von Frankfurt/M. fährt man bis Lissabon rund 2300 km. Für die Autobahnen in Frankreich, Spanien und Portugal muss man mit Mautgebühren in Höhe von ca. 100 € rechnen. Die grüne Versicherungskarte ist in Portugal empfehlenswert. Zudem ist der Abschluss einer Kurzzeit-Vollkaskoversicherung ratsam.

Stadtverkehr

Taxis

Taxis sind das bequemste Fortbewegungsmittel in Lissabon und auch erschwinglich. Taxameter sind obligatorisch. An Wochenenden, Feiertagen sowie nachts von 21–6 Uhr gilt ein um 20 % höherer Tarif.

Mit einem **Táxi Voucher** (erhältlich an den Infostellen von Turismo de Lisboa am Flughafen/Ankunftshalle sowie im Lisboa Welcome Center › **S. 138**) kann man Stadt und Umgebung erkunden, je nach Länge der Tour für 16–54 €; Tagespreis 160–200 €.

Öffentliche Verkehrsmittel

Busse, *eléctricos* (Straßenbahnen) und *elevadores* (Standseilbahnen und ein Aufzug) der Gesellschaft Carris (www.carris.pt) sowie die Metro (www.metrolisboa.pt) sorgen für den Personentransport innerhalb des Stadtgebiets. In den Großraum Lissabon verkehren weitere Busgesellschaften (Infos unter www.transporlis.sapo.pt). An allen Verkaufskiosken von Carris und der Metro kann man für 0,50 € eine mehrfach verwendbare Chipkarte erwerben. Auf diese lassen sich Fahrten laden, z.B. Einzelfahrten (je 1,40 €), die eine Stunde lang gelten, auch in den *elevadores* › **S. 17**, oder Tageskarten für Bus, Straßenbahn, Metro *(bilhete 24 h rede)* für 6 €. In den Bussen und Straßenbahnen von Carris werden auch Bordfahrkarten verkauft (1,80 bzw. 2,85 €).

- **Busse:** Das Busnetz ist dicht, Busse sind zur Hauptverkehrszeit jedoch oft überfüllt. Zentrale Haltepunkte sind: Rossio, Praça dos Restauradores, Praça da Figueira, Praça do Comércio. Die Nachtlinien 201 bis 210 verkehren zwischen 0.30 und 5.30 Uhr (ab Cais do Sodré). Beim Einsteigen reiht man sich in die Schlange ein.
- **Eléctricos:** Die nostalgischen Straßenbahnen sind sehr beliebt. Die berühmte Linie 28 durchfährt die Altstadt, während die Linie 25 die Westseite der Innenstadt erschließt (nur Mo–Fr).

Nostalgische Verkehrsmittel

Erst-! klassig

- Die Altstadt erschließt im Bogen rund um das Castelo de São Jorge die altertümliche Straßenbahn **Eléctrico 28** › **S. 12.**
- Ein Schüler von Gustave Eiffel errichtete 1901 den eisernen Aufzug **Elevador de Santa Justa,** der Baixa und Chiado verbindet › **S. 74.**
- Zum eindrucksvollen Miradouro São Pedro de Alcântara verkehrt der **Elevador da Glória,** eine Standseilbahn von 1884 › **S. 86.**
- Durch das steile Stadtviertel Bica gleitet die Standseilbahn **Elevador da Bica** › **S. 92.**
- Der **Elevador do Lavra** von 1884 erklimmt schrägt aufwärts einen Aussichtshügel mit dem Jardim do Torel › **S. 102.**

- **Elevadores:** Besonders steile Hänge bewältigen die drei Standseilbahnen (Elevador da Bica, Elevador da Glória, Elevador do Lavra; Ticket an Bord für maximal 2 Fahrten 3,60 €), die alle vom Ende des 19. Jhs. stammen, sowie der Aufzug Santa Justa von 1901 (maximal 2 Fahrten 5 €), der die Unterstadt Baixa mit der Oberstadt und dem Bairro Alto verbindet.
- **Metro:** Das Streckennetz verbindet alle wichtigen Punkte der Stadt. Die Metro fährt von 6.30 bis 1 Uhr.

Erst-klassig Mit der Lisboa Card, einer in den Touristeninformationen erhältlichen Netzkarte, kann man in der Stadt alle Busse, Straßenbahnen und U-Bahnen nach Belieben benutzen › **S. 138**. Auch die Züge nach Cascais und Sintra sind inbegriffen. Ferner gewährt die Lisboa Card in über 25 Museen sowie in den Schlössern von Ajuda, Queluz und Sintra freien Eintritt. Preis: 24 Std. 18,50 €, 48 Std. 31,50 €, 72 Std. 39 €, für Kinder etwa die Hälfte; www.askmelisboa.com.

Fähren

Mehrere Fähren der Gesellschaft Transtejo/Soflusa (www.transtejo.pt, Tel. 808 203 050) verbinden Lissabon mit dem gegenüberliegenden Südufer des Tejo. Nach Barreiro (Bahnanschluss) geht es ab Terreiro do Paço. Fähren nach Cacilhas, Montijo und Seixal legen vom Cais do Sodré ab. Von Belém bestehen Fährverbindungen nach Trafaria/Porto Brandão, wo Fischlokale locken.

Flussrundfahrten mit Transtejo (s. o.) starten April–Okt. tgl. 15 Uhr ab Terreiro do Paço (2,5 Std., Erwachsene 20 €, Kinder 10 €) und tgl. 16.40 Uhr ab Cais do Sodré (1 Std., 15 bzw. 7,50 €).

Tejo-Fähre vor dem Monumento Cristo Rei, der imposanten Christusstatue

SPECIAL

Mit Kindern in der Stadt

Stadtbesichtigungen bereiten Kindern eher begrenzt Freude. In Lissabon sind jedoch diverse Aktivitäten möglich, an denen auch kleine Besucher ihren Spaß haben werden. Zudem sind die Portugiesen traditionell kinderfreundlich, obwohl die Geburtenrate im Land mittlerweile zu den niedrigsten in ganz Europa zählt. Der Nachwuchs ist überall gern gesehen. In den meisten Einrichtungen gibt es Kinderermäßigungen.

Im Restaurant

Restaurants halten meist kindgerechte Stühle bereit. Spezielle Kinderteller sind zwar noch nicht sehr verbreitet, doch kann man fast überall eine halbe Portion *(meia dose)* bestellen. Außer in exklusiven Restaurants können die Eltern zu ihren Mahlzeiten auch einen Extrateller kommen lassen *(um prato seperado, um prato adicional).*

Sehenswürdigkeiten

Eine Besonderheit, nicht nur für die Kinder, ist der Besuch des **Oceanário de Lisboa**, eines der größten Aquarien Europas auf dem ehemaligen EXPO-Gelände Parque das Nações. Publikumsliebling ist ein Seeotterpärchen (› S. 123, Kinder bis 3 Jahre frei, 4–12 Jahre 9 €, Erw. 13 €, Familienkarte 2 Erw./2 Kinder unter 12 Jahren 34 €). Neben dem Ozeanarium liegen die Wassergärten (Jardims da Água), die sich im Sommer herrlich zum Planschen eignen.

Ebenfalls im Parque das Nações werden im **Pavilhão do Conhecimento – Ciênca Viva** › S. 122 naturwissenschaftliche Phänomene lebendig erklärt. Es ist auch möglich, selbst zu experimentieren. Neben der permanenten Schau gibt es wechselnde Ausstellungen (Kinder 3–6 Jahre 3 €, 7–17 Jahre 4 €, Erw. 7 €, Familienkarte 15 €).

Ältere Kinder zeigen häufig ein großes Interesse an den Naturwissenschaften. Diese Neugier wird auch im **Museu Nacional de História Natural da Ciência** › **S. 90** beim Botanischen Garten befriedigt. Besucher aller Altersgruppen sind hier gern gesehen. Die geologische Sektion befasst sich speziell mit der Erforschung der Dinosaurier, denen viel Raum in der Ausstellung gewidmet ist. Die zoologische Abteilung gibt einen repräsentativen Überblick über die Tierwelt Portugals (Kinder unter 6 Jahre frei, 6–18 Jahre 3 €, Erw. 5 €, Familienkarte 12,50 €).

Zur Auflockerung einer Stadtbesichtung bietet sich ein Besuch im **Jardim Zoológico.** Der Zoo von Lissabon wurde 1884 eröffnet, seither mehrfach modernisiert und beherbergt heute über 2000 Tiere (Estrada de Benfica, www.zoo.pt, tgl. 10 bis 18, Sommer bis 20 Uhr; Ⓜ Jardim Zoológico; Kinder 3–11 Jahre 12,50 €, Erw. 18 €).

Das **Museu da Marioneta** (Marionettenmuseum, › **S. 93**) ist in einem alten Kloster aus dem 17. Jh. untergebracht und zeigt mehr als 1000 Masken und Marionetten aus aller Welt. Regelmäßig gibt es auch Vorführungen (Erw. 5 €, Kinder bis 5 Jahre 1,50 €, 5–14 Jahre 3 €).

Spannend sind die verschiedenen Führungen, die das **Museu da Água** veranstaltet, das Wassermuseum Lissabons. Je nach Programm wird über einen langen Aquädukt spaziert oder es geht in die Unterwelt einer Zisterne (› **S. 121**, Infos unter http://museudaagua.epal.pt).

Wer wollte als Kind nicht auf den Spuren der großen Entdecker wandeln? Portugal hat zwar keinen Kolumbus zu bieten, dafür aber Bartolomeu Dias, den Erstumrunder des Kaps der Guten Hoffnung, und Vasco da Gama, der als erster Europäer auf dem Seeweg Indien erreichte. Auf der Aussichtsplattform des Hafenturms **Torre de Belém** lässt sich noch heute nachvollziehen, wie die Karavellen bei ihrer Rückkehr von den dort Wartenden begeistert begrüßt wurden (› **S. 116**, Kinder bis 14 Jahre frei, Erw. 7 €). Und Belém hat noch mehr für Kinder zu bieten: Die geheimnisvollen, in Stein gehauenen Seefahrermotive am **Mosteiro dos Jerónimos** › **S. 112** und das **Museu Nacional dos Coches** mit Prunkwagen aus königlichem Besitz (Kutschenmuseum › **S. 117**, Kinder bis 14 Jahre frei, 15–18 Jahre 2,50 €, Erw. 5 €).

Aktivitäten

Eine Fahrt mit der **Straßenbahnlinie 28** › **S. 12, 17** kommt sicher auch bei Kindern gut an, ebenso ein Bootsausflug auf dem Tejo › **S. 18**. Ein Paradies für Kinder dürfte allerdings der **Parque Florestal de Monsanto** westlich der Stadt sein › **S. 126**. Der weitläufige Park verfügt über zahlreiche Abenteuerspielplätze, Klettergärten und Inliner-Strecken; es gibt ausgedehnte Spazier- und Wanderwege sowie einige Restaurants.

Vorortzüge und Busse

Vorortzüge fahren im 15- oder 20-Minuten-Takt z.B. vom Bahnhof Cais do Sodré zur Costa do Estoril (Linha de Cascais) und vom Rossio-Bahnhof nach Queluz › **S. 135** und Sintra (Linha de Sintra) › **S. 130**, Fahrpläne und Haltestellen unter www.cp.pt. An die Costa da Caparica gelangt man mit den Vorortbussen der TST ab Praça de Espanha (neben Ⓜ, www.tsuldotejo.pt). Busse nach Mafra › **S. 136** starten am Campo Grande (neben Ⓜ Campo Grande, www.mafrense.pt).

Sport & Aktivitäten

Windsurfen

Die ruhigsten Gewässer für Windsurfer findet man in Richtung Cascais (beliebt ist Carcavelos). Schön ist auch die **Lagoa de Albufeira** an der Costa da Caparica. In den riesigen Atlantikwellen der windumtosten **Praia do Guincho** › **S. 128** treffen sich Brandungswindsurfer aus aller Welt. Der Badeort **Ericeira** (westlich von Mafra) ist Austragungsort von ASP-Turnieren; weltbekannt ist dort der Strand Ribeira d'Ilhas mit dem Ribeira Surf Camp (Infos unter www.ribeirasurfcamp.com). Alle Surfschulen verleihen auch Ausrüstung.

Golf

Acht renommierte Plätze machen die **Costa do Estoril** zu einem Mekka für Golfer; weltbekannt sind die beiden Courts von Penha Longa (mit dem gleichnamigen Luxushotel). Die längste Tradition hat Golf do Estoril, wo seit 1945 der Estoril Golf Club ansässig ist (nur für Gäste des Hotels Palácio Estoril). Golf mit Meerblick bietet der 18-Loch-Platz Quinta da Marinha, ein Bungalow-Sportresort mit Swimmingpools, Reitmöglichkeit und Tennisplätzen. Infos zu sämtlichen Plätzen unter www.estorilsintragolf.net.

Strände bei Lissabon

Erst-klassig

- Der nostalgische Badeort **Estoril** besitzt kleine, aber saubere Strände, die an den Wochenenden stark frequentiert sind › **S. 126**.
- Besonders hübsch ist die kleine **Praia de Santa Marta** direkt am Hafen von Cascais › **S. 127**.
- Wild und windumtost präsentiert sich der großartige Dünenstrand **Praia do Guincho** an der westlichen Atlantikküste, wo allerdings die Wassertemperatur selten über 18 °C steigt › **S. 128**.
- Schöne Strandbuchten mit kleinen Fischlokalen liegen nördlich des Cabo da Roca im Umkreis des Badeorts **Praia das Maçãs** › **S. 129**.
- Volksbadestrand von Lissabon ist die 20 km lange, in der Saison prall gefüllte **Costa da Caparica** am Südufer des Tejo (Fähre von Belém nach Trafaria › **S. 18**).

SPECIAL

Schicke Fußballstadien

Nicht nur die Stadt, sondern das ganze Land ist polarisiert. Jeder Portugiese scheint entweder Fan von Benfica oder von Sporting zu sein. Zur Europameisterschaft 2004 erhielten die beiden Lissabonner Traditionsklubs neue Stadien.

Mit dem **Estádio da Luz** entstand Portugals größte, 65 000 Zuschauer fassende Arena, meist kurz *a luz* (»das Licht«) oder gar *catedral* genannt. Architekt Damon Lavelle realisierte mit dem lichtdurchlässigen Polykarbonatdach, das über den Tribünen zu schweben scheint, seine Vorstellung von einem sonnendurchfluteten Stadion. Jetzt nutzt Benfica die ganz in Rot (der Farbe des Klubs) ausgekleidete Anlage, die mit weiteren Sporthallen, einem Schwimmbad, Restaurationsbetrieben, einer Ladenzeile und Ausstellungssälen zum multifunktionalen Freizeitzentrum aufgewertet wurde (Avenida General Norton de Matos 7, Ⓜ Alto dos Moinhos oder Colégio Militar/Luz, Tel. 217 219 520, www.slbenfica.pt; Führung Stadion/Vereinsmuseum tgl. 10, 11, 12, 14.30, 15.30 und 16.30, Mai–Sept. auch 17.30 Uhr, 12,50 €).

Dem Stellenwert des Rivalen Sporting entsprechend erhielt dieser das zweitgrößte Stadion der EM, das **Estádio José Alvalade** mit 50 300 Plätzen, selbstverständlich in der Vereinsfarbe Grün gehalten und benannt nach einem der Vereinsgründer (1885–1918). Als Architekt zeichnete der Portugiese Tomás Taveira verantwortlich, der auch das Einkaufszentrum Amoreiras › S. 98 baute. Der gewaltige Komplex beherbergt nicht nur Restaurants und Bars, sondern auch eine Shopping Mall, 17 Kinosäle, eine Bowlingbahn und ein Krankenhaus (Rua Professor Fernando da Fonseca, Ⓜ Campo Grande, Tel. 217 516 524, www.sporting.pt; geführte Besichtigung Stadion/Vereinsmuseum tgl. 11.30, 14.30, 16 Uhr außer an Spieltagen und an Sonntagen nach Samstagsspielen, 10 €, nur Stadion 7 €).

Unterkunft

Die meisten Hotels liegen im Umkreis der Avenida da Liberdade und der Pombal-Rotunde. Bei der Auswahl wurden vor allem zentral gelegene Hotels berücksichtigt, sodass man mitten im Geschehen wohnt und der Stadtbummel vor der Tür beginnt.

Luxushotels

Avenida Palace ●●●
Klassische Eleganz vereint mit Fünf-Sterne-Komfort in einem historischen Palast.
- Rua 1° de Dezembro 123
- Ⓜ Rossio
- Tel. 213 218 100
- www.hotelavenidapalace.pt

Bairro Alto Hotel ●●●
Stilvolles Hotel in einem restaurierten Altstadthaus im Zentrum des Bairro Alto. Edles Restaurant, schickes Café, Terrasse mit Tejo-Blick.
- Praça Luis Camões 2 | Bairro Alto
- Tel. 213 408 288
- www.bairroaltohotel.com

Four Seasons Ritz Lisbon ●●●
Zehnstöckiges Haus mit 282 großzügig geschnittenen Zimmern und Suiten, wertvolles Mobiliar, marmorne Bäder.
- Rua Rodrigo da Fonseca 88 | Chiado
- Tel. 213 811 400
- www.fourseasons.com/lisbon

Olissippo Lapa Palace ●●●
Das Hotel residiert in einem Gartenpalais des 19. Jhs. im Diplomatenviertel Lapa. Schöne Lage, mit Pool und Blick auf den Tejo.
- Rua do Pau da Bandeira 4 | Lapa
- Tel. 213 949 494
- www.olissippohotels.com

Pestana Palace ●●●
High-Class-Adresse zwischen Zentrum und dem Vorort Belém: Suiten im denkmalgeschützten Palast, Zimmer im neuen Anbau. Großzügiger Garten mit Café und Pool-See; innovatives Restaurant.
- Rua Jau 54 | Santo Amaro
- Tel. 213 615 600
- www.pestana.com

Komforthotels

Botânico ●●
Zwischen Botanischem Garten und Avenida da Liberdade gelegen. Funktional.
- Rua Mãe de Água 16–20
- Ⓜ Avenida
- Tel. 216 027 820
- www.hotelbotanicolisboa.com

Heritage Avenida Liberdade ●●
Ein Palast des 18. Jhs., modern und edel ausgestattet, 40 Zimmer. Erst-! klassig
- Avenida da Liberdade 28
- Ⓜ Avenida
- Tel. 213 404 040
- www.heritage.pt

Heritage Britania ●●
Boutique-Hotel in ruhiger Seitenstraße der Avenida da Liberdade, von Cassiano Branco im Art-déco-Stil eingerichtet.
- Rua Rodrigues Sampaio 17
- Ⓜ Avenida
- Tel. 213 155 016
- www.heritage.pt

Erst-klassig

Wohnen mit Alt-Lissaboner Flair

- Ein exquisites Boutiquehotel mit nur 14 Zimmern ist das **Solar do Castelo** (●●●) in der Alfama (Rua das Cozinhas 2, Tel. 218 806 050, www.heritage.pt).
- Als Idylle mit Gartenrestaurant präsentiert sich das **York House** (●●●) in einem früheren Kloster. Zimmer zur Straße besser meiden (Rua das Janelas Verdes 32, Tel. 213 962 435, www.yorkhouselisboa.com).
- Im **As Janelas Verdes** (●●●), einem kleinen Hotel-garni mit viel Charme, neben dem Nationalen Kunstmuseum gelegen, wohnte einst der berühmte Romancier Eça de Queirós (Rua das Janelas Verdes 47, Tel. 213 968 143, www.heritage.pt).
- Über schlichte, aber schmucke Zimmer verfügt das **Residencial Alegria** (●●), das zudem durch seine zentrale Lage nahe der Avenida da Liberdade besticht (Praça de Alegria 12, Ⓜ Avenida, Tel. 213 220 670, www.alegrianet.com).
- Mitten im Zentrum, nicht weit vom Rossio, liegt das gemütliche **Residencial Florescente** (●) in einer Fußgängerzone mit vielen Restaurants. Die Zimmer sind unterschiedlich, entsprechend auch die Preise (Rua das Portas de Santo Antão 99, Ⓜ Rossio, Tel. 213 426 609, www.residencialflorescente.com).
- Mit Terrassengarten und Panoramablick punktet die altmodische **Pensão Ninho das Águias** (●, Costa do Castelo 74, Alfama, Tel. 218 854 070, http://ninhodasaguias.pai.pt).

Lisboa Tejo ●●

In der Nähe des Rossio gelegenes Hotel mit ansprechender Einrichtung in einem Altstadthaus, kürzlich renoviert.

- Rua Condes de Monsanto 2
- Ⓜ Rossio
- Tel. 218 866 182
- www.lisboa-hoteltejo.com

Métropole ●●

Kleines Drei-Sterne-Hotel mit 36 geräumigen, mit Antiquitäten möblierten Zimmern, äußerst zentral.

- Rossio 30
- Ⓜ Rossio
- Tel. 213 219 030
- www.almeidahotels.com

Olissippo Castelo ●●

Modernes und exklusives Hotel in der Nähe des Castelo de São Jorge. Hauseigene Parkgarage.

- Rua Costa do Castelo 126 | Mouraria
- Tel. 218 820 190
- www.hotelolissippocastelo.com

Real Parque ●●

Verkehrsgünstige Lage, sehr geräumige Zimmer, gutes Restaurant.

- Avenida Luis Bívar 67
- Ⓜ Saldanha
- Tel. 213 199 000
- www.hoteisreal.com

VIP Executive Suítes Éden ●●

Zentral gelegenes und architektonisch interessantes Hotel. Es sind ebenso Appartements für bis zu vier Personen zu mieten.

- Praça dos Restauradores 24
- Ⓜ Restauradores
- Tel. 213 216 600
- www.viphotels.com

Budgethotels

Borges Chiado ●

Alteingesessenes einfaches, gediegenes Hotel neben dem Traditionscafé A Brasileira. Helle große Zimmer.

- Rua Garett 108 | Chiado
- Tel. 210 456 400
- www.hotelborges.com

Jorge V. ●

Zentral nahe Praça Marquês de Pombal, aber ruhig, 49 gemütliche Zimmer, gutes Preis-Leistungs-Verhältnis.

- Rua Mouzinho da Silveira 3
- Ⓜ Pombal
- Tel. 213 562 525
- www.hoteljorgev.com

Miraparque ●

Renovierter Bau aus den 1950er-Jahren am Parque Eduardo VII, bequeme Zimmer und ruhig.

- Avenida Sidónio Pais 12
- Ⓜ Parque
- Tel. 213 524 286
- www.miraparque.com

Pensão Londres ●

Zimmer mit Aussicht. Hier sollte man frühzeitig reservieren! Im Parterre gibt es ein schönes Café.

- Rua Dom Pedro V. 53 | Bairro Alto
- Tel. 213 462 203
- www.pensaolondres.com.pt

Pensão Prata ●

Einfache, aber saubere und ruhige Pension, Zimmer mit kleinem Privatbad. Familiär geführtes Haus, der Wirt gibt gern Tipps zur Gestaltung des Aufenthalts.

- Rua da Prata 71 | Baixa
- Tel. 213 468 908
- www.pensaoprata.net

Residencial Dublin ●

Ansprechendes Haus mit geräumigen Zimmern. Ruhig gelegen, nahe Avenida da Liberdade.

- Rua de Santa Marta 45
- Ⓜ Avenida
- Tel. 213 555 489
- www.residencialdublin.com

Sana Rex ●

Verkehrsgünstig gelegen nahe Praça Marquês de Pombal. Die Einrichtung ist klassisch, das Preis-Leistungs-Verhältnis ist gut.

- Rua Castilho 169
- Ⓜ Pombal
- Tel. 213 882 161
- www.rex.sanahotels.com/pt

Essen & Trinken

Portugiesen zelebrieren die mittägliche *hora do almoço* im Restaurant. Dann sind die unzähligen Esslokale in der Innenstadt bis auf den letzten Platz besetzt. Auch Geschäfte bespricht man am liebsten bei einem ausgiebigen Mittagsmahl. Die Küche ist weder raffiniert noch neuerungssüchtig. Fisch steht ganz oben auf der Speisekarte, doch Fleisch ist ebenso beliebt. Ländlich-deftig sind Fisch- und Fleischeintöpfe *(caldeiradas* und *feijoadas)*. Vieler Variationen rühmt sich das Nationalgericht, der *bacalhau*

(Stockfisch). Süße Nachtische bestehen aus Unmengen von Eigelb und Zucker. Die spült man mit einer *bica* hinunter, starkem schwarzem, aus kleinen Tassen getrunkenem Kaffee, gefolgt von einem Tresterschnaps *(bagaço)* oder Branntwein *(aguardente)*.

Teure Klassiker

Casa do Leão ●●●

Zur portugiesischen Küche in erlesener Zubereitung bietet das Restaurant auf dem Burggelände einen fantastischen Blick über Lissabon. Schöne Terrasse. Am Abend reservieren!

- Castelo de São Jorge | Alfama
- Tel. 218 880 154
- www.pousadas.pt
- Tgl. 12.30–15, 20–22.30 Uhr

Clara ●●●

Neben der deutschen Botschaft. Besonders abends speist man bei Live-Pianomusik vorzüglich portugiesische und internationale Küche.

- Campo dos Mártires da Pátria 49
- Anjos
- Tel. 218 853 053
- www.lisboa-clara.pt
- 12.30–15, 19.30–23.30 Uhr, Sa mittags und So geschl.

Gambrinus ●●●

Seit 1936 lieben die Lissabonner dieses Lokal, das zugleich als bester Bierkeller der Stadt gilt. Serviert werden vor allem Fisch und Meeresfrüchte, z.B. *concha recheada de mariscos*. Preiswerter speist man mittags an der Bar. Nahe Rossio.

Erst-! klassig

- Rua das Portas de Santo Antão 23
- Tel. 213 421 466
- www.gambrinuslisboa.com
- Tgl. 12–1.30 Uhr

Tavares ●●●

Das 1784 gegründete Restaurant war berüchtigter Debattierklub politischer Umstürzler und Literatentreff im 19. Jh. Ein edles Interieur mit rotem Samt, Stuck und Kristallspiegeln bildet den

Feinschmeckerrestaurant und beliebter Bierkeller zugleich: das Gambrinus

Rahmen für ein Menü zu fürstlichen Preisen. Formelle Kleidung erwünscht.

Erst-! klassig Zwangloser geht es im Café im Obergeschoss zu, wo Frühstück, leichte Mahlzeiten und Kuchen serviert werden.

- Rua da Misericórdia 35 | Chiado
- Tel. 213 421 112
- www.restaurantetavares.net
- Di–Sa 19.30–23 Uhr

Cervejarias – Bierkeller

Cervejarias, Lissabons Bierkeller, sind keineswegs importierte Mode, sondern traditionelle Lissabonner Gastronomie und erfreuen sich großer Beliebtheit.

Cervejaria Ribadouro ●●

Portugiesen essen gern Fisch zum Bier. Standardgerichte sind *bacalhau à braz* (Stockfisch mit Eiern und Kartoffeln) und *marisco à marinheira* (Meeresfrüchte in der Pfanne).

- Avenida da Liberdade 155
- Tel. 213 549 411
- www.cervejariaribadouro.pt
- Tgl. 12–1.30 Uhr

Cervejaria Trindade ●●

Erst-! klassig Der Klassiker unter den Bierkellern im prächtigen ehemaligen Refektorium eines Klosters › S. 84. Das Bier vom Fass stammt aus der Brauerei Sagres. Steaks und Meeresfrüchte bereichern die traditionelle Küche mit Varianten von *bacalhau*. Kleiner Sommergarten.

- Rua Nova da Trindade 20 | Chiado
- Tel. 213 423 506
- www.cervejariatrindade.pt
- So–Do 10–24, Fr, Sa 10–1 Uhr

Real Fábrica ●●

Vom Frühstück bis zum nächtlichen Absacker lädt ein luftiges und modernes Ambiente ein. In dem schönen Bierkeller wurden früher Stühle angefertigt.

- Rua da Escola Politécnica 275 | Rato
- Tel. 213 870 456
- www.realfabrica.pt
- Mo–Sa 12–1 Uhr

Typisch portugiesisch

O Caracol ●●

Huhn mit Bohnenreis und köstliche Milchcreme kommen mitten im Szeneviertel auf den Tisch.

- Rua da Barroca 14 | Bairro Alto
- Tel. 213 427 094
- Mo–Fr 12–15.30, 19–23, Sa 19–23 Uhr

Casa do Alentejo ●●

Deftige regionale Küche aus dem Alentejo im stimmungsvollen Ambiente eines Patiohauses (17. Jh.). Nahe Rossio.

- Rua das Portas de Santo Antão 58
- Tel. 213 405 140
- Tgl. 12–15, 19–23 Uhr

Malmequer Bemmequer ●●

Stockfisch satt in allen Variationen gibt es hier mitten in der Alfama.

- Rua de São Miguel 25 | Alfama
- Tel. 218 876 535
- Di 19–24, Do–So 12–15, 19–24 Uhr

Mesa de Frades ●●

Klassische Azulejos, herzhaftes Essen und ab 23 Uhr oft Fado.

- Rua dos Remédios 139 | Alfama
- Tel. 917 029 436
- Mo, Mi–Sa 12–14.30, 20–24 Uhr

Santo António de Alfama ●●

Charmantes Altstadtlokal mit gehobener portugiesischer Küche. Abseits des Trubels, neben der gleichnamigen Kirche.

- Beco de São Miguel 7 | Alfama
- Tel. 218 881 328
- www.siteantonio.com
- Tgl. 12.30–2 Uhr

Solar dos Presuntos ●●

Feijoada de mariscos probieren! Bester Service. In der beliebten »Fressgasse«.

- Rua das Portas de Santo Antão 150
- Tel. 213 424 253
- www.solardospresuntos.com
- Mo–Sa 13–15.30, 19–23 Uhr

Antigo 1° de Maio ●

Genuss wie aus Mutters Töpfen. Der Favorit vieler Lisboetas.

- Rua da Atalaia 8 | Bairro Alto
- Tel. 213 426 840
- Mo–Fr 12–15, 19–23, Sa 19–23 Uhr

Von Sardinhas bis Sushi

Via Graça ●●●

Gehobene Küche mit Blick auf Castelo und Altstadt.

- Rua Damasceno Monteiro 9-B | Graça
- Tel. 218 870 830
- www.restauranteviagraca.com
- Mo–Fr 12.30–15, 19.30–23 Uhr, Sa, So nur abends

Bonsai ●●

Erst-! klassig

Japanisches Restaurant mit Tatami-Matten und Schiebewänden aus Papier. Der Hit ist das siebengängige Abendmenü *(sugestão do chefe)*.

- Rua da Rosa 248 | Chiado
- Tel. 213 462 515
- Di–Fr 12.30–14, 19.30–22.30 Uhr, Mo, Sa nur abends, So geschl.

Casanostra ●●

Beim besten Italiener der Stadt sollte man reservieren.

- Travessa do Poço da Cidade 60
- Bairro Alto
- Tel. 213 425 931
- www.restaurantecasanostra.com
- Di–Fr, So 12.30–14.30, 20–23 Uhr, Sa, Fei nur abends

Forno Velho ●●

Spezialitäten der Beira-Region. Auch Tische in einem kleinen Garten.

- Rua do Salitre 42 | Chiado
- Tel. 213 533 706
- www.fornovelho.com
- Tgl. 12–16, 19–24 Uhr

João do Grão ●●

Beliebtes altes Restaurant. Empfehlenswerte Fischgerichte. Reservieren!

- Rua dos Correeiros 220 | Baixa
- Tel. 213 424 757
- Tgl. 12–15, 18–22 Uhr

La Paparrucha ●●

Argentinisches Rindfleisch vom Grill in bester Qualität und großen Portionen; Dazu genießt man den Panoramablick über die Stadt.

- Rua Dom Pedro V. 18 | Bairro Alto
- Tel. 213 425 333
- www.lapaparrucha.com
- Mo–Fr 12–15, 17–2, Sa, So 13–16, 17–2 Uhr

O Magano ●●

Hier werden Spezialitäten aus dem Alentejo serviert, etwa Schweinefleisch mit Herzmuscheln *(carne de porco à alentejana)*.

- Rua Tomás da Anunciação 52
- Campo de Ourique
- Tel. 213 954 522
- www.omagano.com
- Mo–Sa 12–15.30, 19–22.30 Uhr

Os Tibetanos ●●

Erst-! klassig

Ein Fest für den Gaumen sind die Salate, Suppen, Tartes und Quiches des besten Vegetariertreffs der Stadt, der Teil eines buddhistischen Zentrums ist. Tische im begrünten Innenhof, schöner Blick auf das Castelo de São Jorge.

- Rua do Salitre 117 | Chiado
- Tel. 213 142 038
- www.tibetanos.com
- Mo–Fr 12.15–14.15, 19.30–22, Sa 12.45–15, 20–22.30 Uhr

Terra

Mehrfach preisgekrönte vegetarische und vegane Küche in charmantem Ambiente, mit Gartenterrasse.

- Rua da Palmeira 15 | Mercês
- Tel. 213 421 407
- www.restauranteterra.pt
- Di–So mittags und abends geöffnet

Szenerestaurants

Bica do Sapato ●●●

Frisch und ambitioniert – mit reichlich Fisch. Edles 1970er-Jahre-Ambiente. Im 1. Stock gibt es eine Sushi Bar (Mo–Sa).

- Avenida Infante Dom Henrique
- Nähe Bahnhof Santa Apolónia
- Tel. 218 810 320
- www.bicadosapato.com
- Mo 20–23.30, Di–So 12.30–14.30, 20 bis 23.30 Uhr

Eleven ●●●

Erst-! klassig

Exquisite mediterrane Küche von Joachim Koerper, der seine Erfahrung aus mehreren Sternerestaurants in Frankreich und Spanien einbringt. Oberhalb des Parque Eduardo VII. gelegen, mit Blick auf Stadt und Tejo.

- Rua Marquês da Fronteira
- Jardim A. Rodrigues

Feine Küche mit Aussicht im Eleven

- Tel. 213 862 211
- www.restauranteleven.com
- Mo–Sa 12.30–15, 19.30–23 Uhr

Espaço Lisboa ●●●

Traditionelles wie Stockfisch, Zicklein und Spanferkel in der Atmosphäre einer *mercearia* (Tante-Emma-Laden).

- Rua da Cozinha Económica 16
- Alcântara
- Tel. 213 610 212
- www.espacolisboa.pt
- Nur abends geöffnet

Pap'Açorda ●●●

Das 1980 eröffnete Lifestyle-Restaurant ist noch immer ein Renner. Die *açordas*, u.a. mit Koriander und *bacalhau*, *cabritinho* (Zicklein) und *faisão* (Fasan) sind weit fantasievoller als der Brotbrei, von dem der Name des Restaurants herrührt.

- Rua da Atalaia 57 | Bairro Alto
- Tel. 213 464 811
- Di–Sa 12.30–14.30, 20–23.30 Uhr

A Travessa ●●●

Im restaurierten Zisterzienserkloster im historischen Madragoa-Viertel wird

Erst-! klassig

portugiesisch-belgische Küche serviert. Ein absolutes Muss für Gourmets!

- Travessa Convento das Bernardas 12
- Madragoa
- Tel. 213 902 034
- www.atravessa.com
- Di–Fr 12.30–15, 20–24 Uhr, Mo, Sa nur abends, So geschl.

Bota Alta ●●

Kunst und kulinarische Experimente.

- Travessa da Queimada 37 | Chiado
- Tel. 213 427 959
- Mo–Fr 12–14.30, 19–22.30 Uhr

Traditionscafés

A Brasileira

Anfang des 20. Jh. trafen sich hier Politiker aller Richtungen, Künstler, Schriftsteller und fast ganz Lissabon. Berühmtester Gast war Fernando Pessoa, der hier regelmäßig weilte. Seit 1988 sitzt er als Bronzefigur an einem Tisch vor dem Café, das heute ein beliebter Treff zu fast jeder Tages- und Nachtzeit ist.

- Rua Garrett 120 | Chiado
- Tel. 213 469 541
- Tgl. 8–2 Uhr

Martinho da Arcada

Das älteste Café Lissabons wurde 1778 eingeweiht. Auch hier war Fernando Pessoa häufig Gast. Heute treffen sich viele Geschäftsleute und Angestellte der umliegenden Ministerien in dem Arkadenlokal. Ein Restaurant ist angeschlossen › **S. 78**.

- Praça do Comércio 3 | Baixa
- Tel. 218 879 259
- Mo–Sa 8–23 Uhr

Confeitaria Nacional

1829 gegründet und immer noch in Familienbesitz. Beliebter Treff auf einen Kaffee in einer Arbeitspause oder während des Einkaufens.

Praça da Figueira 18-B | Baixa

- Tel. 213 424 470
- www.confeitarianacional.com
- Tgl. 8–20 Uhr

Das Traditionscafé Nicola: eine Institution am Rossio

Nicola

Das 1787 eröffnete Café – später im Stil des Art déco umgebaut – ist eine lebendige Institution in Lissabon.

- Rossio 24
- Tel. 213 460 579
- Tgl. 8–22 Uhr

Pasteleria Suiça

Von der vorderen Terrasse hat man einen guten Blick auf das Treiben am Rossio. Etwas ruhiger ist die rückwärtige Terrasse zur Praça da Figueira. Besonders köstlich zu den leckeren Backwaren ist hier die heiße Schokolade.

- Rossio 96
- Tel. 213 214 090
- www.casasuica.pt
- Tgl. 7–20 Uhr

Pastelaria Versailles

Üppig mit vielen Spiegeln, dunklem Holz, Marmor und Stuck dekoriertes Kaffeehaus von 1922 › **S. 108**.

- Avenida da República 15-A | Saldanha
- Tel. 213 546 340

Café no Chiado

Im Theaterviertel, dem nationalen Kulturzentrum angeschlossen. Ruhige Oase.

- Largo do Picadeiro 10–12 | Chiado
- Tel. 213 460 501
- www.cafenochiado.com
- Tgl. 10–2 Uhr

Fábrica dos Pastéis de Belém

Erst-! klassig

Hier gibt's die unwiderstehlichen Pastéis de Belém › **S. 117**.

- Rua de Belém 18-B | Belém

Shopping

Die Lissabonner strömen in die riesigen Shoppingcenter **Amoreiras, Colombo** und **Vasco da Gama** (Parque das Nações). Stadtluft und Atmosphäre schnuppert man in den klassischen Einkaufsstraßen der **Baixa** und im **Chiado** mitten in der Stadt.

Azulejos

Solar – Albuquerque & Sousa

Hier wird die größte Auswahl alter Azulejos angeboten.

- Rua Dom Pedro V. 70 | Chiado
- http://solar.com.pt

Fábrica Sant' Anna

Das traditionsreiche Unternehmen fertigt Azulejos nach alten Vorbildern (Produktion im Stadtteil Ajuda, 5 km entfernt; Fabrikbesichtigung möglich).

- Rua do Alecrim 95 | Chiado
- www.fabrica-santanna.com

Ratton

Erst-! klassig

Moderne Azulejos nach Künstlerentwürfen. Die bekannteste Galerie für Azulejo-Kunst.

- Rua Academia das Ciências 2-C
- Bairro Alto
- www.galeriaratton.blogspot.com

Viúva Lamego

Kopien antiker Azulejos und Fayencen; Geschirr. Sonderanfertigungen.

- Largo Intendente P. Manique 28
- Saldanha (Avenida Almirante Reis)
- www.viuvalamego.com

Antiquitäten, Antiquarisches

Antiquitätenstraßen sind die Rua Dom Pedro V. (Bairro Alto) und die Rua de São Bento (vom Rato aus abwärts führend). Buchantiquariate konzentrieren sich im Chiado, vor allem im Trindade- und Carmo-Bezirk.

Olisipo

Alte Bücher und Stiche. Faire Preise.

- Largo Trindade Coelho 7 | Chiado
- www.livraria-olisipo.com

O Marquês

Überwältigendes Angebot an alten Dingen aus Portugal und Übersee.

- Av. Elias Garcia 166-B | Saldanha
- www.omarquesantiguidades.com

O Mundo do Livro

Große Auswahl an Büchern, Landkarten und Grafik.

- Largo da Trindade 12 | Chiado
- www.mlivro.com

Geschäfte mit Tradition

Casa das Velas do Loreto

Schon seit 1789 gibt es hier Kerzen in allen Farben und Formen.

- Rua do Loreto 53 | Bairro Alto

Depósito da Marinha Grande

1001 Objekte aus Glas aus dem mittelportugiesischen Glasbläserort Marinha Grande sind hier preiswert zu erstehen.

- Rua de São Bento 234 und 418 | Rato
- www.dmg.com.pt

Luvaria Ulisses

Erst-! klassig

Im kleinsten Laden Lissabons gibt es nur Handschuhe: aus Seide und Leder.

- Rua do Carmo 87-A | Chiado
- www.luvariaulisses.com

Manuel Tavares

Bereits seit 1860 gibt es hier traditionelle portugiesische Delikatessen.

- Rua da Betesga 1-A (beim Rossio)
- www.manueltavares.com

Ourivesaria Sarmento

Einer der ältesten Goldschmiede in der »Straße des Goldes«, die immer schon diesem Berufszweig vorbehalten war.

- Rua Àurea 251 | Baixa
- www.ourivesaria-sarmento.com

Panificação Mecânica

In der Bäckerei mit ihren Jugendstil-Azulejos kann man auch Kaffee trinken.

- Rua Silva Carvalho 209 | Rato

Vista Alegre Atlantis

Die 1824 bei Ilhavo gegründete Porzellanmanufaktur ist eine nationale Institution. Ihre edlen Produkte spiegeln Tradition und Zeitgeist.

- Largo do Chiado 20–23 | Chiado
- www.vistaalegreatlantis.com

Märkte

Feira da Ladra

Berühmter Trödelmarkt Di und Sa 9 bis 18 Uhr. Lebensmittel gibt es Mo–Sa in der Markthalle nebenan › S. 68.

- Campo de Santa Clara | Graça

Feira das Galinheiras

Lebensmittel, Kleider und Trödel jeden Sonntag 7–14 Uhr.

- Quinta da Pailepa | Charneca

Feira de Produtos de Agricultura Biológica

Erzeugermarkt, u.a. für Bioprodukte, beim Botanischen Garten, Sa 9–14 Uhr.

- Jardim do Príncipe Real | Mercês

Mercado da Ribeira
Traditionsmarkthalle für Lebensmittel › S. 78. Mit dem Mercado das Flores (Blumenmarkt).
▮ Avenida 24 de Julho

Ports und Weine

Solar do Vinho do Porto
Portweinproben, fachkundig beraten, in schickem Ambiente im Chiado › S. 87.
▮ Rua de São Pedro de Alcântara 45

Coisas do Arco do Vinho
Erst-! klassig
Bewährte Adresse für erlesene Weine.
▮ Rua Bartolomeu Dias | Belém
▮ www.coisasdoarcodovinho.pt
▮ Di–Fr 11–20, Sa 11–19.30, So (nur Sept.–Mai) 11–19.30 Uhr

Musik

Fnac
Moderner Laden im Centro Comercial dos Armazéns do Chiado, mit fachkundigem Personal und großer Auswahl an portugiesischer Musik.
▮ Rua do Carmo 2 | Chiado
▮ www.fnac.pt

Designermode

Ana Salazar
Die Königin unter den portugiesischen Modedesignern. Damenmode, meist in dunklen Farbtönen gehalten.
▮ Rua do Carmo 87 | Chiado und Avenida de Roma 16 | Saldanha

Fátima Lopes
Mode der Star-Designerin aus Madeira, in einem avantgardistischen Showroom.
▮ Rua da Atalaia 36 | Bairro Alto und Avenida António Augusto Aguiar 31 (im Kaufhaus El Corte Inglés, 1. Etage)
▮ www.fatima-lopes.com

Hochwertige Handschuhe gibt es seit 1929 bei Ulisses im kleinsten Geschäft der Stadt

Lena Aires
Sexy, selbstbewusst, seit den 1990er-Jahren im Geschäft.
▮ Rua da Atalaia 96 | Bairro Alto
▮ www.lena-aires.com

Kunsthandwerk

Erst-! klassig
Mode und Design, Delikatessen sowie feine Tabakwaren aus Portugal gibt es auch im Lisbon Shop, einer Einrichtung des Lisboa Welcome Center.
▮ Rua do Arsenal 25 | Baixa

Santos Oficios
Souvenirs und regionales Kunsthandwerk, u.a. Lissabonner Häuser aus Ton, Schafwollpullover und Postkarten.
▮ Rua da Madalena 87 | Baixa
▮ www.santosoficios-artesanato.pt

Casa dos Tapetes de Arraiolos
Die handgearbeiteten Knüpfteppiche aus dem Ort Arraiolos (Alentejo) werden zu stolzen Preisen gehandelt.
▮ Rua da Imprensa Nacional 116-E
▮ Bairro Alto
▮ www.casatapetesarraiolos.com

Am Abend

Lissabon, die Stadt der Träumer, wo man sich in den Stunden nach Mitternacht immer schon in die Zeitlosigkeit des »portugiesischen Nirwana« (Miguel Torga) versinken ließ, ist ein Dorado für Nachtschwärmer.

Bars und Diskotheken

amo.te Chiado

Im Loungestil mit Café, Bar, Restaurant.

- Calçada Nova de São Francisco 2
- Chiado
- www.amote.pt
- Mo–Sa 10–24 Uhr

Belém Bar Café (BBC)

Orientalisch und zugleich modern gestylt. Erst Restaurant, Fr/Sa ab Mitternacht Disko.

- Avenida de Brasilia, Pavilhão Poente
- Belém
- www.belembarcafe.com
- Restaurant Do–Sa 20–24 Uhr

Estado Liquido

1970er-Jahre-Design und -Musik, Electrosound; Sushi-Lounge.

- Largo de Santos 5-A | Santos
- www.estadoliquido.com
- Mo–Mi, So 20–2, Do 20–3, Fr, Sa 20–4 Uhr

Guilty by Oliver

DJ-Sound zum Essen oder zum Cocktail danach, cool gestylt.

- Rua Barata Salgueiro 28
- www.restaurante-olivier.com/guilty
- Mo–Sa 19.30–1 Uhr

Hard Rock Café

Filiale der bekannten Kette, perfekter Sound, bester Service.

- Avenida da Liberdade 2
- www.hardrock.com
- Tgl. 11–2 Uhr

Incógnito

Klassiker in immer neuem Gewand, unten Bar, oben Tanz zu Rockmusik.

- Rua de São Bento 37 | Bairro Alto
- www.incognitobar.com
- Mi–Sa 23–4 Uhr

Irish & Co.

Pub mit Livemusik; Tejo-Blick von der Terrasse, mittags Restaurant.

Erst-klassig

- Rua da Pimenta 57
- Parque das Nações
- www.grupodocadesanto.com.pt
- Tgl. 12.30–4 Uhr

Plateau

Dauerbrenner unter den Diskotheken, Rock-, Pop-Klassiker.

- Escadinhas da Praia 7 | Santos
- Mi–Sa 24–6 Uhr

Urban Beach

Trendige Strandbar am Tejo-Ufer, perfekt für einen Cocktail. Nach Mitternacht oft DJ-Partys.

- Rua da Cintura
- Cais da Viscondessa | Santos
- Tgl. 18–6 Uhr
- www.grupo-k.pt

Jazz und Blues

Blues

Chillen in der Bar. Do–Sa Diskothek.

- Rua da Cintura do Porto de Lisboa 226, Armazém H | Alcântara
- Tel. 213 957 085
- Di–Sa 20–2 Uhr, Disko 24–6 Uhr

Onda Jazz

Jazz zum Bier oder Essen in rustikalem Gewölbe, oft live.

- Arco de Jesús 7 | Alfama
- www.ondajazz.com
- Di–Do 20–2, Fr, Sa 20–3 Uhr

Speakeasy

In einem ehemaligen Hafenlagerhaus; auch Restaurant und Bar, Terrasse.

- Cais das Oficinas, Armazém 115, Doca Rocha Conde d'Óbidos | Alcântara
- www.speakeasy-bar.com
- Di–Sa 20–3 Uhr

Gay & Lesbian

Finalmente

Beste Travestieshow der Stadt.

- Rua da Palmeira 38 | Rato
- Tgl. 0.30–6 Uhr
- www.finalmenteclub.com

Memorial Bar

Legendäre Disko der lesbischen Community, die heute ein breiteres Publikum anspricht.

- Rua Gustavo Sequeira 42 | Rato
- Tel. 916 191 117
- Mi–So 22–4 Uhr

Trumps

Diskothek mit riesiger Tanzfläche. Programm und Shows.

- Rua da Imprensa Nacional 104-B
- Bairro Alto
- Tel. 213 971 059
- www.trumps.pt
- Fr, Sa und vor Feiertagen 24–6 Uhr

Afrikanisches und Latin

Barrio Latino Café

Salsa und afrikanische Musik, zwei Tanzflächen.

- Rua da Pimenta
- Parque das Nações
- www.barriolatinocafe.com
- Fr–So 23–5 Uhr

A Lontra

Afro-brasilianische Rhythmen, R 'n' B und Hip-Hop.

- Rua São Bento 157 | Bairro Alto
- Tel. 968 479 435
- Do–Sa 23.30–6 Uhr

Esplanadas

Erst-! klassig

- Der Abend wird gern in den Terrassenbars in der Altstadt *(esplanadas)* oder auf den Stadthügeln *(miradouros)* eingeläutet, mit einem Aperitif und Blick auf die Stadt im Abendlicht.
- Im **C@fé Taborda** (●) auf der Nordseite des Burghügels kann man sich mit leckeren vegetarischen Gerichten stärken (Costa do Castelo 75, Mouraria, Di–So 14–24 Uhr).
- **Cerca Moura** war vor Jahren eine der ersten Bars in Lissabon, die Stühle ins Freie stellten (Largo das Portas do Sol 4, Alfama, tgl. 10–2 Uhr).
- Eine Institution mit Zirkusspektakel unterhalb des Castelo de São Jorge ist das **Chapitô à mesa** (Costa do Castelo 7, Mouraria, www.chapito.org, Mo–Fr 19–2, Sa, So 12–2 Uhr).
- In der **Esplanada da Graça** nimmt man seinen Drink direkt am Miradouro da Graça mit Blick auf die Tejo-Brücke Ponte do 25 de Abril (Largo da Graça, tgl. 12–3 Uhr).

SPECIAL

Sushi, Cocktails, Techno

Auftakt am Fluss

Wenn über dem Tejo die Sonne untergeht, erwacht Lissabon zum zweiten Mal. Behutsam räkelt es sich erst ein wenig in den kleinen Restaurants von **Cacilhas** drüben am anderen Ufer des breiten Flusses, wo sich der rot glühende Abschied des Tages am schönsten genießen lässt. Weniger romantisch veranlagte Naturen warten auf die ersten Sterne in den **Docas de Santo Amaro,** zu Füßen des Ponte 25 de Abril. Wie ein riesiger Bienenschwarm summen die Autos dort auf der doppelstöckigen Brücke hoch über den Köpfen der Amüsierfreudigen. Unten schaukeln Jachten auf den Wellen, flitzen Jogger neben jungem Promenadengrün und funkeln die Lichter der ehemaligen Backstein-Hafenschuppen mit ihren fast ein Dutzend Terrassenrestaurants.

Treffs im Bairro Alto

Nach wie vor schlägt im **Bairro Alto** das Herz der Szene, hier ist Lissabon hip und gay, bunt, laut und international. Tascas, Trendlokale, schräge Bars, alteingesessene Fadolokale – alles ballt sich in einem Straßenkarree. Ab ein Uhr bilden sich Trauben vor den angesagten Adressen, im Stehen oder auf der Bordsteinkante sitzend genießt man Bier und Cocktails aus Plastikbechern, es wird geflirtet und gelacht. Immer wieder tauchen zwischen dem quirligen Völkchen junge Männer in Uniform auf – Sicherheit wird auch in der Partyszene groß geschrieben.

Artis

Gemütliche Weinbar für kreative Menschen, die Jazz und Chillout-Sounds lieben.

Rua do Diário de Notícias 95

Di–Do, So 16.30–2, Fr, Sa 16.30–3 Uhr

- **Bali Bar**
  Asiatisch inspirierte Surferbar mitten im Bairro Alto. Tagsüber Snacks, abends immer gut für einen Cocktail.
  Rua do Norte 117
  Tgl. 12–2 Uhr
- **Clube da Esquina**
  Junges Publikum, einladendes Ambiente. Draußen sitzt man mitten im Geschehen.
  Rua da Barroca 30

Partytime bis in den Nachmittag

3 Uhr morgens – Zeit, die Location zu wechseln: vom Bartresen auf die Tanzfläche. Die meisten Diskos liegen zwischen Bairro Alto und Alcântara. Manche vereinen gleich drei Funktionen: Fashion-Showroom, Bar und Tanztempel. Bis 7 Uhr pendelt die Szene zwischen Fluss und Hügel, mitunter bis Belém. Jüngster Favorit ist das Gebiet am Hafen zwischen Bahnhof Santa Apolónia und Praça do Comércio. Spätestens um 17 Uhr nachmittags schließen die allerletzten Abhänger-Lokale.

- **Nova Alcântara Mar**
  Exzentrisch-plüschiger Club, in dem die Stimmung kocht. *Die* Adresse für House- und Techno-Fans.
  Rua da Cozinha Económica 11 (Alcântara)
  www.alcantara-mar.com
  Mi–Sa und vor Feiertagen 24–9 Uhr
- **Frágil**
  Kleiner House-Club. Eine wahre Kultstätte, mixed, am Wochenende überwiegt die Gay-Szene.
  Rua da Atalaia 126/128 (Bairro Alto)
  Mo–Sa 23.30–4 Uhr
- **Jamaica**
  Pflichtstation im nächtlichen Lissabon seit über 40 Jahren, karibisches Flair. Di Reggae, ansonsten Pop und Rock.
  Rua Nova do Carvalho 6
  www.jamaica.com.pt
  Di–Sa 24–6 Uhr
- **Lux-Frágil**
  Einer der 35 besten Clubs der Welt, ausstaffiert mit den Sammelstücken des Design-Papstes Manuel Reis.
  Avenida Infante D. Henrique Armazém A, Cais da Pedra à Santa Apolónia
  www.luxfragil.com
  Di–Sa 23.30–4 Uhr
- **Musicbox Lisboa**
  Trendiger Hotspot am Cais do Sodré mit kulturellem Anspruch. DJ-Musik, Live-Auftritte, eigenes CD-Label.
  Rua Nova do Carvalho 24
  www.musicboxlisboa.com
  Mi–Sa 23–5 Uhr
- **Skones**
  Elitäres Ambiente, toller Tejo-Blick; mit uralten Ölbäumen und Wasserspielen dekoriert. Mainstream-Musik.
  Cais da Viscondessa, Rua da Cintura (Santos)
  www.grupo-k.pt
  Fr und Sa 23.30–5 Uhr

Vor Mitternacht

Wer's zum Auftakt des Abends edler mag, nimmt das Schlangestehen am **Hafenkai** gegenüber der **Estação Santa Apolónia** in Kauf. Viel Glas, gepaart mit Wänden in Pink und Lila, bildet den Hintergrund für einen Dinnerauftritt oder für Sushi-Happen. Man kennt sich, sieht sich – noch im Businessdress oder schon im neuesten Designer-Outfit.

LAND & LEUTE

Fadolokal Nô-Nô
im Bairro Alto

STECKBRIEF

- **Fläche:** 84,8 km²
- **Längen- und Breitengrad:** 9° 10′ West, 38° 43 Nord
- **Einwohner:** 545 000 im Stadtbereich; 2,9 Mio. im Großraum
- **Konfession:** vorwiegend römisch-katholisch
- **Sprache:** Portugiesisch
- **Touristen:** knapp 2 Mio. im Jahr
- **Hotelbetten:** 30 000
- **Landesvorwahl:** 003 51
- **Währung:** Euro
- **Zeitzone:** MEZ minus 1 Std. (ganzjährig)

Lage

Lissabon liegt im äußersten Südwesten Europas. Der Tejo, größter Fluss der Iberischen Halbinsel, weitet sich kurz vor seiner Mündung in den Atlantik zu einer bis zu 15 km breiten Bucht, dem Mar de Palha (»Strohmeer«). Auf seinen letzten Kilometern bis zum Meer jedoch verengt er sich nochmals. Dort entwickelte sich die Stadt am Ufer entlang. Erst im 20. Jh. ist Lissabon weit landeinwärts gewachsen. Aus den symbolischen sieben Hügeln der Altstadt, die man (nach dem Vorbild Roms) früher zählte, sind inzwischen eher sieben mal sieben geworden. Der Großraum Lissabon reicht heute bis nach Santarém und Setúbal.

Politik und Verwaltung

Lissabon ist die Hauptstadt der Republik Portugal *(República Portuguesa)*. Da das Land immer noch weitgehend zentralistisch regiert wird, befinden sich neben dem Regierungssitz alle Ministerien und wichtigen Behörden in der Kapitale.

Die Stadtregierung hat ihren Sitz im Rathaus (Paços do Concelho). Bürgermeister ist der Sozialist António Costa, der 2007 die Kommunalwahlen gewann. Bei den Wahlen im Oktober 2013 kandidiert er nach anfänglichem Zögern auf Wunsch seiner Parteifreunde erneut. Stadträte *(vereadores)*, 17 an der Zahl, fungieren als Ressortleiter für verschiedene Aufgabenbereiche. Die 53 Gemeinden *(freguesias)*, in die Lissabon aufgeteilt ist, werden jeweils von einer bürgernahen Junta verwaltet.

Lissabon unterhält Städtepartnerschaften mit Metropolen wie Paris oder Madrid und vielen Städten in portugiesischsprachigen Ländern.

Wirtschaft

Zugleich ist Lissabon auch Portugals Wirtschafts- und Finanzmetropole. Wegen des Mangels an Facharbeitern ist die Stadt wie das übrige Portugal auf Billiglohnindustrien angewiesen (z.B. Textilindustrie, Schuhfertigung). Der Eintritt Portugals in die EG 1986 setzte jedoch radikale Umstrukturierungen in Gang. Die einst staatlich gestützte Großindustrie (Chemie, Metall) verschwand fast vollständig, ebenso die krisengeschüttelten Werften. Dafür erlebte der Sektor Handel und Dienstleistungen (Banken, Versicherungen, Telekommunikation) einen rasanten Aufschwung. Einen Wachstumsschub für den Tourismus in Lissabon bedeutete die EXPO '98, für die die Stadt regelrecht aufpoliert und modernisiert wurde.

Die Euro-Euphorie belebte die Finanzmärkte und die Bauwirtschaft. Der Aufschwung zu Beginn des Jahrtausends brachte eine neue Klasse von Besserverdienern hervor, aber auch eine breite Mittelschicht, die es zuvor nicht gab. Deren Konsumverhalten kurbelte die Wirtschaft kräftig an. Seit einigen Jahren ist der Konsumrausch aber gebrochen. Portugal kämpft mit steigender Arbeitslosigkeit und einem hohen Haushaltsdefizit.

Bevölkerung

Die Heimat des echten *lisboeta* ist sein *bairro,* sein Stadtviertel. In volkstümlichen Quartieren wie Alfama, Bica oder Madragoa spielt sich das Leben noch immer in dorfähnlichen Nachbarschaften ab, wo jeder jeden kennt und am Leben des Nachbarn Anteil nimmt. Doch die Altbausubstanz, die das Bild der Innenstadt prägt, ist teilweise baufällig, weil aufgrund eines von 1943 bis 1992 geltenden Mietstopps jahrzehntelang kein Geld zum Renovieren übrig blieb. Altmieter zahlen noch heute geringe Mieten. Bei Neuvermietungen wurde allerdings zeitweise das Preisniveau deutscher Großstädte erreicht. Die Einwohnerzahl von Lissabon nahm zuletzt dramatisch ab. Für jeden neu hinzugezogenen Bürger verließen zwei die Stadt. Zu teurer Wohnraum im Zentrum trieb viele junge Familien in die gesichtslosen Wohnsilos der Vorstädte. In der City blieben vorwiegend ältere Menschen, ihr Anteil an der Bevölkerung beträgt heute 23 % (Portugal gesamt: 17 %). Die Stadtverwaltung will diese Entwicklung nun umkehren, nachdem die Mietpreise deutlich gefallen sind.

Mit der Beendigung des Kolonialkriegs in Afrika 1975 kam es zu einer Fluchtwelle aus Angola und Moçambique nach Lissabon. Gegenwärtig leben mind. 100 000 Afrikaner in meist ärmlichen Verhältnissen im Großraum der Metropole.

Aus Brasilien sind in letzter Zeit hauptsächlich gut ausgebildete jüngere Leute eingewandert, die zum wichtigen Faktor im Wirtschaftsleben geworden sind, z.B. auf dem PR-Sektor. Afrikaner und Brasilianer haben durch ihre Kultur, insbesondere durch ihre Musik, einen neuen Rhythmus in die Stadt gebracht.

Geschichte im Überblick

Bereits Phönizier, Griechen und Karthager nutzten die Tejo-Mündung, den einzigen großen Naturhafen an der iberischen Atlantikküste. Auf ein phönizisches Alis Ubbo (»anmutige Bucht«) führten Orientalisten den Namen Lissabon zurück. Die Römer, die das nach einem keltischen Stamm benannte Lusitanien im 2. Jh. v. Chr. eroberten, deuteten »Olissipo« als Hinweis auf die Gründung durch den legendären Odysseus (lat. Ulixes).

48 v. Chr. Lissabon erhält unter Julius Cäsar das volle römische Bürgerrecht.

410 n. Chr. Germanenvölker vertreiben die Römer. Sieger bleiben die christianisierten Westgoten, die für 300 Jahre Iberien beherrschen.

472 Ein schweres Erdbeben zerstört den größten Teil der ehemaligen Römerstadt.

714 Araber vertreiben die Westgoten. Ulixbona wird für mehr als 400 Jahre maurisch.

1147 Eroberung der Stadt durch den ersten portugiesischen König Afonso Henriques (1128–1185) mit Hilfe englischer, flandrischer und deutscher Kreuzritter. Bau der Kathedrale. Ansiedlung der verbliebenen Mauren in einem Viertel außerhalb der Stadtmauer, der Mouraria.

1256 Abschluss der Reconquista. Vertreibung der Araber aus der Algarve. Portugal erhält seine heutigen Grenzen, Lissabon wird Hauptstadt.

1279–1325 Stadtausbau unter König Dinis, Gründung der ersten Universität Portugals.

1383–1385 Bürgerrevolution. Verteidigung der portugiesischen Unabhängigkeit gegen die Kastilier in der Schlacht bei Aljubarrota. João I. wird der erste König aus dem Hause Aviz. Lissabon ist bedeutendster Hafen an der Atlantikroute zwischen Mittelmeer und Nordeuropa.

1415 Eroberung Ceutas durch Heinrich den Seefahrer, einen Sohn Joãos I. Beginn der portugiesischen Seefahrt und Expansion.

1419/20 Heinrich der Seefahrer macht die bis dahin unbewohnte Insel Madeira zum Stützpunkt für die portugiesischen Entdeckungsfahrten.

1487/88 Bartolomeu Dias umrundet das Kap der Guten Hoffnung.

1495–1521 Unter König Manuel I. Blütezeit Lissabons, das mit dem Gewürzhandel zur reichsten Seehandelsmetropole Europas wird.

1496 Zwangsbekehrung von Juden und Mauren. Erste planmäßige Stadterweiterung: Bairro Alto (1513).

9. Sept. 1499 Triumphaler Empfang Vasco da Gamas in Lissabon nach seiner ersten Indienreise.

1540 Einführung der Inquisition, endgültige Vertreibung der Juden. João III. ruft die Jesuiten ins Land. Wirtschaftlicher Niedergang.

1569 Eine Pestepidemie fordert im Großraum Lissabon 60 000 Tote.

1580–1640 Spanische Fremdherrschaft.
1640 Vertreibung der Spanier mit englischer Hilfe; neue Königsdynastie der Bragança.
1706–1750 Regierung Joãos V.; neuer Reichtum aus Brasilien: Gold und Diamanten. Großzügige Stiftungen für kirchliche Bauten. Errichtung der städtischen Wasserleitung Águas Livres.
1755 Das größte Erdbeben der Stadtgeschichte zerstört Lissabon zu zwei Dritteln, etwa 20 000 Menschen sterben. Wiederaufbau durch Minister Pombal (Baixa).
1807 Invasion und Plünderung durch napoleonische Truppen. Flucht des Königs nach Brasilien.
1810 Briten befreien und besetzen Portugal und regieren das Land praktisch als Protektorat.
1822 Rückkehr des Königs. In der Folgezeit Bürgerkriege zwischen Liberalen und Absolutisten.
1834 Sieg des Liberalismus. Säkularisation: Auflösung der Klöster. Aufstieg des Handels- und Finanzbürgertums.
Ende des 19. Jhs. Stadtmodernisierung: Industrialisierung, Ausbau des Hafens, neue Verkehrsmittel. Stadterweiterung durch die Avenida da Liberdade.
1908 Gewalttätige Auseinandersetzungen um die Abschaffung der Monarchie, Ermordung des Königs Carlos I. und des Thronfolgers Luís Filipe.
5. Okt. 1910 Ausrufung der Republik; König Manuel II., der Bruder von Luís Filipe, flieht nach England.

Heinrich der Seefahrer an der Spitze des Denkmals der Entdeckungen in Belém

1926 Die Militärdiktatur beendet das politische und wirtschaftliche Chaos.
1932 Salazar wird Premierminister; neue diktatorische Verfassung nach faschistischem Vorbild: Estado Novo.
1939–1945 Neutralität Portugals während des Zweiten Weltkriegs. Lissabon wird Zwischenstation für Flüchtlinge aus Deutschland auf dem Weg nach Übersee.
1968 Rücktritt Salazars nach einem Schlaganfall; Nachfolger Marcelo Caetano. Der aussichtslose Kolonialkrieg in Afrika (Angola, Moçambique) lässt das Land verarmen und stärkt den Widerstand gegen die Diktatur.
25. April 1974 Die Nelkenrevolution führt das Ende der Diktatur herbei.

25. Nov. 1975 Errichtung einer parlamentarischen Demokratie; Staatschef wird Mário Soares, der Gründer der Sozialisten (PS).

1986 Beitritt Portugals zur EG.

1998 Weltausstellung EXPO '98. Bau der zweiten Tejo-Brücke, Ponte Vasco da Gama.

1999 Eröffnung des »Parque das Nações« auf dem EXPO-Gelände.

2004 Zur Fußballeuropameisterschaft erhalten die Vereine Benfica und Sporting neue Stadien.

2011 Ministerpräsident José Sócrates (PS) tritt im März zurück, nachdem sein Sparpaket im Parlament keine Mehrheit erlangt hat. Die Neuwahlen im Juni entscheidet Oppositionsführer Pedro Passos Coelho von der liberal-konservativen PSD für sich.

2012/2013 Die portugiesische Regierung verfolgt einen harten Sparkurs, der umfassende Haushaltsreformen und Privatisierungen vorsieht. Im Gegenzug haben EU und IWF bereits 2011 ein Hilfspaket in Milliardenhöhe für das hoch verschuldete Land bewilligt.

2013 Ein Teil des Sparhaushalts 2013 wird vom portugiesischen Verfassungsgericht gekippt.

SEITENBLICK

Die Nelkenrevolution

Die Bilder gingen um die Welt: Panzer und Massendemonstrationen in den Straßen Lissabons, jubelnde Menschen, die den Soldaten rote Nelken in die Gewehrläufe steckten. Die Ereignisse des 25. April 1974 beendeten ohne Blutvergießen Europas langlebigste faschistische Diktatur.

Am Beginn stand der Putsch der MFA, einer regimekritischen Gruppe von Hauptleuten, die vor allem den Kolonialkrieg in Afrika beenden wollte. Als kurz nach Mitternacht das von der Zensur verbotene Protestlied »Grandola Vila Morena« als Startsignal für den Staatsstreich im Radio ertönte, ahnte niemand, dass dies der Anfang einer revolutionären Massenbewegung sein würde. 17 Stunden später kapitulierte Salazars Amtsnachfolger Caetano.

Nun wurden die Schergen der PIDE, der portugiesischen Geheimpolizei, verhaftet, politische Gefangene befreit, Oppositionspolitiker wie Mário Soares aus dem Exil geholt. Im ersten Freudentaumel feierte man tage- und nächtelang in den Straßen und entwarf Visionen eines neuen Portugal. Unzählige Initiativen zum Umbau des Landes wurden ins Leben gerufen, während das Großkapital ins Ausland flüchtete. Es kam zum Schulterschluss von Militär und Kommunisten. Banken und Industrien wurden verstaatlicht, die Großgrundbesitzer im Alentejo enteignet. Die europäische Linke wallfahrte nach Portugal, während die westlichen Regierungen einen marxistisch-sozialistischen Sonderweg und Gefahren für das NATO-Bündnis befürchteten. Doch nach eineinhalb Jahren war der revolutionäre Elan verbraucht. Die leere Staatskasse und eine Million Flüchtlinge aus Afrika beendeten die anarchisch-utopischen Experimente. Am 25. November 1975 etablierte sich eine gemäßigte Regierung unter dem Sozialisten Mário Soares.

Kunst & Kultur

Die kulturelle Besonderheit Lissabons fühlt jeder, dennoch ist sie schwer zu beschreiben. Das Erdbeben von 1755 hat den größten Teil der historischen Bausubstanz zerstört und die Spuren der römischen, maurischen und mittelalterlichen Vergangenheit getilgt. Das architektonische Bild der Innenstadt wird heute vorwiegend vom 18. und 19. Jh. geprägt. Hinter der Fassade einer europäischen Großstadt aber spürt man den fremden Rhythmus, den fernen Reflex des maurischen Erbes und der orientalischen Einflüsse, die jahrhundertelang auf die Hauptstadt des ehemaligen Kolonialreichs einwirkten – und das nicht nur im Altstadtlabyrinth der Alfama.

In Portugal vermischten sich seit jeher Kulturtraditionen Europas und der islamisch-orientalischen Welt: arabisches Kunsthandwerk und niederländische Malerei, orientalisch inspirierter Ornamentreichtum und schmuckarme Renaissanceräume. Später kamen Einflüsse aus den Überseekolonien hinzu. Bis zur Nelkenrevolution lebte Portugal mit dem Rücken zu Europa und dem Blick nach Afrika, Asien, Brasilien. Kunststile aus europäischen Ländern wie Frankreich und Italien wurden immer erst sehr spät und meist ohne tieferes Verständnis in Portugal aufgenommen. Heute sind Macau, Angola oder Timor im Veranstaltungskalender ebenso präsent wie die Kulturszene aus Europa.

Manuelinik

Zu allen Zeiten hat man in Portugal Architektur- und Kunststile – ja sogar die Künstler selbst – importiert, etwa aus Frankreich, Flandern, Italien oder Deutschland. Nur einmal, auf dem Zenit seiner Geschichte, als König Manuel I. (der Glückliche) regierte, Vasco da Gama den Seeweg nach Indien entdeckte und sagenhafte Reichtümer aus dem Orient nach Lissabon strömten, entstand um 1500 eine genuin portugiesische Kunst. Die märchenhaften manuelinischen Steinmetzarbeiten ranken sich um Portale und Fenster, drehen Säulen zu gewundenen Tauen, werfen Anker auf steinerne Mauern und überwuchern sie mit Korallen und Tang. Verknotete Lotosblüten bilden die Fenstergitter von Kreuzgängen, und dazwischen tauchen

In Stein gehauene maritime Symbole im Kloster von Belém

Ornamentik im manuelinischen Stil: das Hieronymitenkloster in Belém

die Insignien der Seefahrt auf: das Kreuz der Christusritter, das auf den Segeln der Karavellen prangte, und die Armillarsphäre als Zeichen König Manuels, ein nautisches Instrument in der Form einer Weltkugel. Kein anderes Zeugnis berichtet so anschaulich vom Staunen angesichts der Exotik der neu entdeckten Länder, die dieser Epoche ihren Überschwang verliehen.

Im Vorort Belém blieben zwei bedeutende Bauwerke im Stil der Manuelinik vom großen Erdbeben verschont: das Mosteiro dos Jerónimos (Hieronymitenkloster › S. 112) als Heiligtum der Entdeckerzeit und die Torre de Belém › S. 116, ein Wachturm am damaligen Hafen, von dem die Karavellen in alle Welt segelten. Die manuelinischen Bauten in Lissabon selbst, der Königspalast und mehrere Kirchen, haben das Erdbeben nicht überstanden. Außer der Fassade der Igreja Conceição Velha › S. 78 ist so gut wie nichts erhalten geblieben.

Das Lissabon Pombals

Die 1755 durch das Erdbeben zerstörte Stadt galt mit ihren engen Straßen und armseligen Häusern, über die hier und da Klöster und Paläste aufragten, nicht gerade als Wunder des Städtebaus. Als eine »afrikanische Stadt« charakterisierte ein französischer Besucher Lissabon Anfang des 18. Jhs.

Der Wiederaufbau Lissabons nach dem Erdbeben 1755 knüpft sich an die Person des königlichen Ministers Marquês de Pombal › S. 77. Er begriff die Zerstörung der Stadt als Chance für die Verwirklichung einer Idealstadt nach den Prinzipien seines aufgeklärten Zeitalters. So entschied er sich unter mehreren Alternativen für die radikale Neuordnung der Baixa › S. 72 als Schachbrett auf nivelliertem Terrain. Damit konnte, erstmalig in Europa, das Modell einer modernen Metropole verwirklicht werden. Die Uniformität und frühklassizistische Schlichtheit der Häuser erlaubte eine neue Ökonomie des Bauens durch die serielle Fertigung von Einzelteilen. Licht und Luft sorgten für gesunde Atmosphäre. Die Neuplanung Pombals bezog auch den sich westlich unmittelbar anschließenden Chiado › S. 81 und den Uferbereich bis zur Kirche São Paulo › **S. 92** mit ein. Anlässlich der Neuordnung des Staates entstanden im Norden der Stadt die ersten Industrieviertel am Rato und an der Praça das Amoreiras mit Manufakturen zur Herstellung von Seide und Keramik. Nach 22 Jahren Pombalregierung war der durch eine vierprozentige Abgabe auf Importwaren finanzierte Wiederaufbau erst zur Hälfte durchgeführt. Überall standen noch Ruinen, vor den neuen Häusern wuchsen stinkende Müllberge. Noch Ende des 18. Jhs. klagten Besucher über die verschlammten und verschmutzten Straßen und die ärmlichen Hütten des Lumpenproletariats.

Romantismo

Von der tiefen Depression, die durch die napoleonischen Plünderungen 1807 und 1810 und die anschließende britische Besatzung verstärkt wurden, erholte sich Lissabon erst nach 1834 mit dem Sieg der Liberalen. Die 65 Klöster, die im selben Jahr aufgelöst wurden, verwandelte man in Krankenhäuser, Kasernen, Wohnungen, Schulen, Bibliotheken und Gerichtshöfe. Den Auftakt zu neuen städtebaulichen Projekten bildete die Fertigstellung des Rossio 1845 mit dem Bau des Teatro Nacional Dona Maria II. Um die Jahrhundertmitte entstand das Lissabon des »Romantismo« (1835–1880), dessen Mittelpunkte der Chiado und Passeio Público › **S. 104** bildeten. Letzterer war eine Parkanlage mit Wasserspielen und Statuen, die sich zur Modepromenade der höheren Stände entwickelte. Hier durften sich auch die Damen der Gesellschaft, die bis dahin *à mourisca* (»wie die Maurinnen«) kaum das Haus verließen, bei Konzerten und Bällen erstmalig in der Öffentlichkeit amüsieren.

Der Chiado wurde ein Viertel »im Pariser Stil« mit Theatern, Cafés und eleganten Geschäften. Mondäne Wohnquartiere mit palastartigen Häusern und Villen gruppierten sich um die Praça do Principe Real › **S. 87** und den Pátio do Torel › **S. 102**. Modearchitekt war der italienische Bühnenbildner Cinatti, dessen Bauten durch szenische Effekte und enormen Formenreichtum ungewohnte Akzente setzten. Das Gros der neuen Wohnhäuser entwarfen allerdings Handwerksmeister. Die Schlichtheit der Architektur wurde durch die komplette Verkleidung der Fassaden mit Azulejos wettgemacht. Sie wurde durch die industrielle Fertigung bedruckter Fliesen möglich.

Im letzten Viertel des 19. Jhs. wurde das Verkehrswesen modernisiert. *Americanos* (Pferdebahnen) und *elevadores* (Aufzüge, Standseilbahnen) übernahmen den öffentlichen Transport. Die Industrialisierung kam in Gang, die Bevölkerung wuchs. Ein Konzept für eine geregelte Stadtentwicklung musste dringend gefunden werden.

Traum von der Weltstadt

1884 wurde im Zuge einer Gesamtplanung zur Stadterweiterung die Avenida da Liberdade als neue Achse nach Norden eröffnet, eine gerade Schneise nach dem Vorbild der Pariser Boulevards. Kurz nach der Jahrhundertwende setzte man die Neuordnung und Bebauung nach Nordosten mit den Avenidas Novas fort.

Die Weltstadtatmosphäre stellte sich freilich nicht so schnell ein, wie der Romancier Eça de Queirós lästerte, der die neue Architektur provinziell fand. Dies änderte sich aber mit dem großen Bauboom ab 1897. Für Thomas Manns Hochstapler Felix Krull war die Avenida da Liberdade eine der prächtigsten Straßen, die ihm je vorgekommen waren.

Zwei Architekten prägten das neue Stadtbild: Ventura Terra und Norte Junior. Gegen die kosmopolitische Architektur von Lissabons Belle Époque, die mit sämtlichen Baustilen der Vergangenheit spielte, formierte sich allerdings Widerstand von patriotischer Seite. Der Architekt Raúl Lino forderte eine Rückbesinnung auf den Nationalstil. Da man einen solchen wegen der regionalen Vielfalt im Land nicht wirklich finden konnte, erfand er die *casa portuguesa* mit leicht geschweiften Dächern, Türmchen und Erkern, runden wie eckigen Sprossenfenstern und Azulejo-Dekor.

Modernismo und Staatsarchitektur

Daneben setzten sich in den 1920er-Jahren mit dem Modernismo die Grundsätze der internationalen Moderne (kubische Bauformen ohne Ornamente) durch, die sich am Ende des Jahrzehnts mit Elementen des Art déco vermischten.

Eine vom Art déco beeinflusste Gestaltung zeigen die in den 1930er-Jahren entstandenen Wohnblöcke. Ganze Straßenzüge sind von Standardformeln wie gerundeten Balkonecken und horizontalen Profilstreifen geprägt (Avenida Alvares Cabral, Avenida Morais Soares).

Die Staatsarchitektur der Salazarzeit dominiert im Bereich der Avenidas Novas. Manifestationen faschistischen Größenanspruchs sind die Monumentalanlage Praça do Areeiro (1938) mit ihren Turmbauten und das überdimensionierte Band der Alameda Dom Afonso Henriques zwischen Instituto Superior Técnico und Fonte Monumental. Verdienste erwarb sich der Estado Novo beim Schaffen von Wohnungen für die unteren Einkommensgruppen. Anfangs hatten die Bairros Sociais und Bairros Económicos Dorfcharakter. Erstes und anspruchsvollstes Beispiel ist das Bairro Arco do Cego › **S. 110** von 1927. Ein Entwicklungsplan ordnete auch die Verkehrsführung neu. Der Alto de Monsanto › **S. 125** wurde zur grünen Lunge der Stadt aufgeforstet und als letztes und größtes Projekt der Salazarzeit entstand die erste Brücke über den Tejo, 1966 unter dem Namen Salazar-Brücke feierlich eingeweiht und 1974 in Ponte do 25 de Abril umgetauft.

Stadtplanung heute

Seit einigen Jahren befindet sich Lissabon in stetigem Umbau. Altstadtviertel werden saniert, der Flughafen großzügig ausgebaut und das Metronetz

Das Tejo-Ufer und die Docas wurden für die Lissabonner neu erschlossen

erweitert. An der Stelle verwahrloster Industrieanlagen am Tejo-Ufer im Osten der Stadt entstand mit dem Gelände für die EXPO '98 ein neuer Stadtteil. Dort überspannt die neue Ponte Vasco da Gama mit einer Rekordlänge von 18 km den Tejo.

Sein Gesicht wandelte auch das lange von Lagerhäusern verstellte Flussufer zwischen Cais do Sodré und Alcântara. Es entwickelte sich zu einer durchgehenden Promenade mit Restaurants, Bars, Diskos, Grünflächen und Sporthäfen. Der Tejo wurde als Kulisse einer Flaniermeile wieder ins Stadtleben integriert.

Eine teilweise Entlastung für den Stadtverkehr brachte der Ausbau des Metronetzes anlässlich der EXPO '98. Pläne für eine Beschränkung des Autoverkehrs und für mehr Grün sind schon seit langem in der Diskussion, ein Gesamtkonzept zur Stadtentwicklung fehlt aber noch. Einerseits wurden vor der Wirtschaftskrise für Großprojekte wie Bankpaläste und Einkaufszentren buchstäblich Berge versetzt, andererseits sind in der Altstadt ganze Straßenzeilen dem Verfall preisgegeben.

Portugiesische Literatur

Portugal ist ein Land der Dichter. Als ältestes literarisches Dokument gilt der »Cancioneiro« der Ajuda-Bibliothek, eine Sammlung mittelalterlicher Troubadourlieder, Vorläufer des heutigen Fado. Am Beginn der modernen portugiesischen Literatur steht Gil Vicente (1485–1536), der Hofdichter König Manuels, Erfinder der *autos*, sozialkritisch gefärbter Komödien. Für das portugiesische Selbstverständnis am wichtigsten wurde allerdings das Nationalepos der Entdeckerzeit: »Die Lusiaden« von Luís de Camões (1524 bis

1580), ein Werk, das die Mission Portugals als weltbeherrschende Seefahrernation zum Thema hat.

Lissabon ist der bevorzugte Schauplatz in den Romanen von Eça de Queirós (1846–1900), dem bedeutendsten portugiesischen Schriftsteller des 19. Jhs. Im Pariser Exil entwarf er ein kritisches Sittengemälde der Lissabonner Gesellschaft, voll von funkelnder Ironie wie auch karikierendem Spott (»Die Maias«, »Vetter Basilio«, »Die Hauptstadt«).

Als Kultdichter Lissabons wird heute Fernando Pessoa (1888–1935) gefeiert, von dem zu Lebzeiten nur ein Lyrikband erschien. Er ist der wichtigste Vertreter einer um 1920 entstandenen exzentrisch-futuristischen Bewegung. Seine Dichtung umkreist das Verhältnis von Sein und Schein, vor allem die Zerrissenheit des modernen Ich. Pessoa ist der Spiegel der melancholischen Seele Lissabons. Sein »Buch der Unruhe« ist so fragmentarisch, unbestimmt und facettenreich wie die Stadt.

Unter den zeitgenössischen Autoren ist José Saramago (1922–2010, Nobelpreis 1998) der meistübersetzte. Sein Roman »Das Memorial« rankt sich um den Bau des Klosterschlosses Mafra, »Hoffnung im Alentejo« thematisiert das elende Leben der Landarbeiter vor der Nelkenrevolution. Weitere wichtige Schriftsteller, deren Werke ins Deutsche übersetzt wurden, sind

SEITENBLICK

Luís de Camões

Man kann darüber streiten, ob das portugiesische Nationalepos »Die Lusiaden« als Glorifizierung oder doch eher als Schwanengesang der Entdeckerzeit zu interpretieren ist. Die Versdichtung, bis heute Pflichtlektüre portugiesischer Schüler, ist ein mythisches Seefahrerepos wie die »Odyssee«, enthält aber zugleich viele realistische Details. Luís de Camões (1524–1580), der in der Tradition der antiken Schriftsteller seine hymnische, mythologisch überhöhte Geschichte der portugiesischen Nation verfasste, saß nicht im Elfenbeinturm. Er rühmte sich selbst, das Schwert so gut zu führen wie die Feder. Sein eigenes Leben brachte er nie unter Kontrolle. Wegen diverser Affären wurde er für Jahre nach Indien verbannt. In einer Seeschlacht vor Marokko verlor er ein Auge, bei einem Schiffbruch im Mekong-Delta seine Habe bis auf das Manuskript der »Lusiaden«. Geld hatte er nie. Mit 46 Jahren kehrte er mittellos und ausgebrannt nach Lissabon zurück, ein Fremder in der Heimat, wo sein Sklave für ihn betteln gehen musste. Es gelang ihm 1572 noch, »Die Lusiaden« in Druck zu geben, den Ruhm seines Werkes erlebte er jedoch nicht mehr. Das Jahr 1580, in dem Camões in Lissabon an der Pest starb und in einem Armengrab bestattet wurde, markierte mit dem Beginn der spanischen Fremdherrschaft das Ende der ruhmreichen Seefahrerzeit. Als leidenschaftlicher Patriot schrieb der Dichter kurz vor seinem Tod, er sei glücklich, nicht nur auf dem Boden des geliebten Vaterlandes, sondern auch zusammen mit ihm zu sterben.

vor allem António Lobo Antunes, José Cardoso Pires, Miguel Torga und Eduardo Lourenço. Unter den Autorinnen erlangten Agustina Bessa Luís und Lídia Jorge internationales Renommee. Ein lesenswerter Autor der jüngeren Generation ist José Riço Direitinho.

Wer nach Lissabon fährt, kann sich mit dem **Lissabonner Logbuch** (Hanser, 1997) von José Cardoso Pires oder Rolf Osangs **Seefahrer, Sehnsüchte und Saudade – Lissabonner Perspektiven** (Picus, 1998) einstimmen. Der wohl 1925 verfasste Stadtführer des berühmtesten modernen Dichters Portugals, Fernando Pessoa, ist ebenfalls sehr lesenswert: **Mein Lissabon. Was der Reisende sehen sollte** (Amman-Verlag, 2001). Eine spannende Alternative: der mehrfach prämierte Bewusstseinskrimi **Nachtzug nach Lissabon** von Pascal Mercier (btb, 2008).

Bildende Kunst

Die Geschichte der portugiesischen Malerei kennt nur eine einzige Glanzzeit: die flämisch beeinflusste **Tafelmalerei** von der Mitte des 15. Jh. bis Anfang des 16. Jhs., die man im Museu Nacional de Arte Antiga besichtigen kann › **S. 94** und deren Hauptwerk das berühmte sechsteilige Vinzenz-Altarbild mit der Darstellung Heinrichs des Seefahrers ist. Malerei und Skulptur blieben ansonsten meist der dekorativen Raumausstattung untergeordnet.

Am deutlichsten zeigen dies die Kirchen aus der **barocken Glanzzeit**

Die sehenswertesten Museen

Erst-! klassig

- In der Alfama dreht sich im **Museo do Fado** alles um den typischen Musikstil des Landes, den sehnsuchtsvollen Fado › **S. 67**.
- Das **Museu Nacional de Arte Antiga** befasst sich vor allem mit der portugiesischen Kunst des Entdeckungszeitalters und des Barock, wobei der berühmte Vinzenz-Altar unter den Ausstellungsstücken herausragt › **S. 94**.
- Hochkarätige Werke aus der Sammlung des armenischen Ölmagnaten, der seine letzten Lebensjahre vorwiegend in Lissabon verbrachte, sind im **Museu Calouste Gulbenkian** ausgestellt › **S. 106**.
- Portugals größte Sammlung von Fliesen *(azulejos)*, die einen Zeitraum von fünf Jahrhunderten abdeckt, birgt das weltweit einzigartige **Museu Nacional do Azulejo** im Kloster Madre de Deus › **S. 120**.
- Kleidungsstücke aus Portugal, die zwischen dem 4. und 19. Jh. von Arm und Reich getragen wurden, präsentiert das **Museu Nacional do Traje** im stilvollen Rahmen eines historischen Landhauses › **S. 125**.
- Kunst des 20. und 21. Jhs., die der Multimillionär Joe Berardo zusammentrug, ist in wechselnden Schauen im **Museu Colecção Berardo** zu sehen, darunter ein Picasso von 1908 › **S. 116**.
- Das **Museu de Marinha** in Belém dokumentiert die portugiesischen Entdeckungsfahrten und zeigt Modelle von Schiffen verschiedenster Epochen › **S. 115**.

Erst-! klassig

Die schönsten Gärten und Parks

- Ein romantischer Ruinenpark mit prächtiger Aussicht umgibt das **Castelo de São Jorge** › S. 64.
- Ehrwürdige Bäume des 19. Jh. spenden im stillen **Jardim Botânico** Schatten, der mit exotischer Flora aus Übersee glänzt › S. 90.
- Großzügig erstreckt sich der **Parque Eduardo VII** in der Verlängerung der Avenida da Liberdade. Besondere Anziehungspunkte sind seine Gewächshäuser › S. 105.
- Äußerst populär ist der **Jardim da Estrela,** einst für den Adel angelegt, heute ein öffentlich zugänglicher Park mit Teichen, Vogelvolieren und altem Baumbestand › S. 97.
- Auf dem **Campo Grande,** früher ein beliebtes Ausflugsziel vor den Toren Lissabons, inzwischen mitten in der Stadt gelegen, verbringen die Studenten der nahe gelegenen Universität gerne ihre Freizeit › S. 121.
- Tropische und subtropische Pflanzen aus aller Welt, die dank des milden Klimas hier üppig gedeihen, zieren den **Jardim Botânico Tropical** im Vorort Belém › S. 117.
- Eine wunderbare barocke Gartenanlage aus dem 17. Jh. mit in Formschnitt gebrachten Büschen und Hecken sowie prachtvollen Azulejos blieb beim **Palácio dos Marqueses da Fronteira** erhalten › S. 126.
- Der weitläufige **Parque Florestal de Monsanto** ist ein grünes Naherholungsgebiet mit reicher Flora und Fauna und lässt sich auf vielen Fuß- und Radwegen erkunden › S. 126.

unter João V. im 18. Jh., in der die Wände oft geradezu mit Azulejo-Bildern und vergoldetem Schnitzwerk, *talha dourada,* tapeziert zu sein scheinen. Kritiker rügten, dass in Portugal Architektur durch Dekoration ersetzt sei, Malerei durch Fliesen und Skulptur durch Holzschnitzerei.

Der einzige bemerkenswerte Bildhauer im Barock ist **Joaquim Machado de Castro** aus der Schule von Mafra › S. 136. Das Reiterstandbild auf der Praça do Comércio sowie stattliche Altäre und Krippen aus Ton (u.a. in der Sé) zählen zu seinen Werken.

Der namhafteste und produktivste Maler der ersten Hälfte des 20. Jhs., der in der Salazarzeit hofiert wurde, ist der futuristisch geprägte **José Almada Negreiros** (1893–1970), von dem ein berühmtes Porträt seines Freundes Pessoa stammt. Die wenigen bedeutenden portugiesischen Künstler der Moderne profilierten sich im Exil, so etwa die Grande Dame der portugiesischen Malerei, **Maria Helena Vieira da Silva** (1908–1992), in Paris und **Paula Rego** in London.

Nach der Nelkenrevolution belebte sich die Kunstszene Lissabons. Einen Überblick über die Entwicklung der letzten Jahrzehnte gibt das Centro de Arte Moderna am Gulbenkianpark › S. 106. Foren zeitgenössischer portugiesischer Kunst sind das Museu do Chiado › S. 82, Culturgest › S. 110 und CCB in Belém › S. 116. Im Museu Colecção Berardo › S. 116 und im Sintra Museu de Arte Moderna › S. 132 sind

Werke aus der umfangreichen Sammlung moderner Kunst des Mäzens Joe Berardo sowie wechselnde Ausstellungen zu sehen.

Azulejos zieren Häuser und Gartenanlagen wie den Miradouro de Santa Luzia

Kunsthandwerk

Charakteristisch für Lissabon sind insbesondere die berühmten **Azulejos** (Fliesen) und andere Keramikprodukte. In der Fábrica Santa Ana und der Fábrica Viúva Lamego werden sie nach alten Vorbildern von Hand gefertigt, auch auf Bestellung. Junge Kreative stellen in kleinen Altstadtateliers moderne Azulejos her.

Zwar nicht in Lissabon, sondern im nordportugiesischen Aveiro gefertigt, aber in der Hauptstadt erhältlich ist **Porzellan** der Traditionsmarke Vista Alegre. 1824 wurde die Manufaktur gegründet, aus der nur edelste Produkte kommen. In keinem wohlhabenden portugiesischen Haushalt darf Tischgeschirr von Vista Alegre fehlen. Neben historischen oder klassischen Formen gibt es auch innovative Objekte.

Teppiche »made in Portugal« sind die *tapetes de arraiolos* aus der kleinen Stadt Arraiolos bei Évora. Die persisch inspirierten Muster werden mit Wollfäden in Kreuzstichtechnik auf Leinen aufgebracht – eine aufwendige Handarbeit, die ihren Preis hat. Bis ins 17. Jh. geht die Produktion dieser heute von mehreren Kooperativen wieder erfolgreich vermarkteten Kostbarkeiten zurück. Wandteppiche *(tapeçarias)* kommen aus Portalegre nahe der spanischen Grenze. Ihre Motive basieren auf den Malereien alter Meister. Wollfäden in über 7000 unterschiedlichen Farben finden Verwendung, um mit 25 000 Stichen pro Quadratmeter den Nuancenreichtum des Originals zu erzielen. Die Auflagen sind jeweils auf acht gleiche, nummerierte Exemplare limitiert.

Zur Vielfalt des Angebots in den Lissabonner Kunsthandwerksläden tragen die portugiesischen Atlantikinseln mit hochwertigen **Stickereien** bei. Von Madeira stammen ausschließlich von Hand gefertigte Spitzen. Die preisgünstigere Variante kommt aus Manufakturen auf der Azoreninsel Terceira. Zauberhaft gestickt in der Tradition mittelalterlicher Nonnenklöster wird aber auch auf dem portugiesischen Festland, in Viana do Castelo und Vila do Conde.

In den mittelportugiesischen Glasbläserorten Marinha Grande und Alcobaça entstehen schöne **Objekte aus Glas.** Die Marken »Marinha Grande Mglass« und »Atlantis Crystal« genießen heute Weltruf. Ihre Kollektion umfasst eine breite Palette von Gebrauchsgegenständen und Dekorationsgläsern, sowohl in traditionellen als auch modernen – von ambitionierten Designern entworfenen – Varianten.

Die Rua do Ouro (»Goldstraße«, heute Rua Áurea) in Lissabons Unterstadt Baixa macht ihrem Namen Ehre. Seit Jahrhunderten sind dort und in den benachbarten Straßen Goldschmiede und Juweliere ansässig, deren Spezialität *filigranas* sind – traditioneller **Gold- und Silberschmuck,** der wie ein zartes Gewebe erscheint. Diese Technik wurde in Byzanz schon im 9. Jh. gepflegt, war aber auch im präkolumbianischen Amerika bekannt.

Feste & Veranstaltungen

Über aktuelle Events informieren die **Agenda Cultural** (www.agenda lx.pt), erhältlich im Turismo-Büro und im Lisboa Welcome Center › **S. 138,** die Seite www.visitlisboa.com, das Monatsprogramm **»Follow me Lisboa«** (engl.) und Rubriken in den Tageszeitungen.

Karten *(bilhetes)* für fast alle Veranstaltungen erhält man am **Pavilhão Abep** an der Praça dos Restauradores, Tel. 213 475 824, bei **BimotorDJ** im Centro Comercial Areeiro, Largo do Casal Vistoso, Tel. 218 464 212, www.bimotordj.com, oder in einer der drei Filialen von **Fnac** (Armazéns do Chiado, Rua do Carmo 2; Centro Comercial Colombo, Avenida Lusiada; Centro Comercial Vasco da Gama, Avenida Dom João II., www.fnac.pt).

Festkalender

1. Januar: Das **Ano Novo** (Neujahr) wird mit einem großen Feuerwerk am Tejo-Ufer begrüßt.

Prozession in Sintra

Carnaval: Am Karnevalssonntag wird die Praça do Comércio zum großen Festplatz mit Musik, Freilichtkino und Sportwettbewerben. Ein Umzug geht am Karnevalsdienstag nachmittags durch die Straßen der Baixa. Zentrum der Veranstaltungen ist der Parque das Nações. Vielerorts in der ganzen Stadt wird gefeiert.

Ostern: Die Woche vor **Pascua** (Ostern) beginnt am Palmsonntag mit der Segnung der Palmzweige in den katholischen Kirchen. Die Prozessionen zur **Sexta-Feira Santa** (Karfreitag) fallen in Lissabon, verglichen z.B. mit Südspanien, bescheiden aus.

Anfang Mai: Desfile da Máscara Ibérica heißt ein Umzug durch die

Baixa mit rund 400 maskierten Teilnehmern von der ganzen Iberischen Halbinsel, die traditionelle Instrumente spielen, singen und tanzen.

Mitte Mai: Jazzfreunde aus aller Welt treffen sich zum **Estoril Jazz Festival** in der Fortaleza de Cascais (Karten unter www.ticketline.pt, Programm unter www.estorilportugal.com).

Ende Mai/Anfang Juni: Alle zwei Jahre findet das Festival **Rock in Rio Lisboa** im Parque de Bela Vista statt (nächster Termin: 2014; Programm: http://rockinriolisboa.sapo.pt).

13.–29. Juni: In der Nacht zum **Dia de Santo António** (Tag des hl. Antonius, 13. Juni), zugleich Stadtfeiertag, ist ganz Lissabon auf den Beinen. Speziell in der Alfama wird bis zum Morgen gegessen, getrunken, getanzt und gesungen. Höhepunkt ist ein Umzug *(marcha popular)* auf der Avenida da Liberdade. In den folgenden Tagen geht das Feiern fast ununterbrochen weiter. Auch **São João** (24. Juni) und **São Pedro** (29. Juni) werden als Stadtheilige verehrt und mit Festen und Umzügen gewürdigt.

Juni/Juli: Das **Festival do Verão** von Sintra bietet stimmungsvolle Konzerte mit alter Musik sowie Ballett in den Quintas und Palästen von Sintra und Queluz (http://festivaldesintra.pt).

Ende Juli/Anfang August: Hauptattraktion des 14-tägigen **Festival dos Oceanos** ist eine Segelregatta auf dem Tejo.

Erste Augusthälfte: Neun Tage lang ist Lissabon Austragungsort des von der Gulbenkian-Stiftung organisierten Festivals **Jazz em Agosto** (Kartenreservierung/Programm: www.musica.gulbenkian.pt).

Anfang/Mitte Dezember: Dem **Maratona de Lisboa,** einer großen Marathonveranstaltung mitten in der Stadt, geht eine nächtliche Pasta-Party zur Stärkung der Teilnehmer voraus.

25. Dezember: Ein Familienfest ist **Natal** (Weihnachten). Das öffentliche Leben steht am 1. Weihnachtsfeiertag praktisch still.

SEITENBLICK

Konzerte

Aufführungsorte für Konzerte sind:

- **Grande Auditório Gulbenkian**
  Avenida de Berna 45
  Tel. 217 823 000
  www.musica.gulbenkian.pt
- **Teatro Nacional de São Carlos**
  Rua Serpa Pinto 9
  Tel. 213 253 000
  www.saocarlos.pt
- **Teatro Nacional Dona Maria II.**
  Rossio
  Tel. 213 250 800
  www.teatro-dmaria.pt
- **CCB** (Centro Cultural de Belém)
  Praça do Império
  Tel. 213 612 400
  www.ccb.pt
- **Culturgest**
  Ed. da Caixa | Rua Arco de Cego
  Tel. 217 905 155
  www.culturgest.pt
- Rock und Pop:
  Coliseu dos Recreios
  Rua das Portas de Santo Antão 96
  Tel. 213 240 585
  www.coliseulisboa.com
- **Pavilhão Atlântico**
  Parque das Nações
  Tel. 218 918 409
  www. pavilhaoatlantico.pt

SPECIAL

Melodie der Sehnsucht

»Fado« bedeutet »Schicksal«. Und Fado ist weder Folklore noch Volksmusik, sondern Ausdruck des portugiesischen Seelenzustandes: der *saudade*. Dieses Gefühl von Weltschmerz, von Sehnsucht kleiden die Fadistas in herbzarte Klangpoesie. Sie besingen die Schwere des Alltags, die Schmerzen der Liebe, die Sehnsucht nach dem Meer, die Suche nach etwas nie Gehabtem oder für immer Verlorenem – und die Stadt Lissabon. Ihren Gesang begleiten die *viola*, die spanische Gitarre, und die *guitarra portuguesa*, eine Art Laute.

Berühmte Fadistas

In den 1920er-Jahren hörte die Lissabonner Gesellschaft in den Volkskneipen der Alfama, der Mouraria, des Bairro Alto und des Madragoa-Viertels erstmals die innigen Klänge des Fado. Seine berühmteste Interpretin war damals Maria Severa Onofriana aus der Mouraria.

Im 20. Jh. sang sich Amália Rodrigues, die große Dame des Fado, in die Herzen. Auch nach ihrem Tod (1999) wird sie wie eine Göttin verehrt. An ihrem Sarkophag im Panteão Nacional Santa Engrácia › **S. 68**, wo die Fadista als erste und einzige Frau unter Poeten und Politikern bestattet ist, sind stets frische Blumen arrangiert. Heute halten innovative Sängerinnen wie Mísia (www.misia-online.com) die Fado-Tradition lebendig.

Fadolokale

In den Tascas, den kleinen Kneipen, vor allem in den Außenbezirken oder in den Vierteln am südlichen

Tejo-Ufer, erklingt spätabends noch immer der ursprüngliche Fado. Sowohl Männer als auch Frauen stimmen ihn an – und die einheimischen Zuhörer fallen oft begeistert ein. Selten beginnt solch ein Auftritt vor 23 Uhr. Man zahlt in der Regel keinen Eintritt, dafür kosten Speisen und Getränke einiges mehr. Auch bei Festen erklingt der *fado vadio*. Die extra ausgewiesenen Fadolokale sind meist touristisch und teuer. Trotzdem bieten manche durchaus Authentisches. Achten sollte man auf Konzerte im **Coliseu** (Rua das Portas de Santo Antão) oder im **Centro Cultural de Belém.** Regelmäßig treten hier bekannte Interpreten wie die in Moçambique geborene Sängerin Mariza (www.mariza.pt) oder der Gitarrist António Chainho auf (www.antoniochainho.com). In allen Fadolokalen sollte man reservieren.

- **Clube de Fado**
  Rua São João da Praça 92 (Alfama)
  Tel. 218 852 704
  www.clube-de-fado.com
  Tgl. 20–2 Uhr
- **Senhor Vinho**
  Rua Meio-Lapa 18 (Lapa)
  Tel. 213 977 456
  www.srvinho.com
  Tgl. 19.30–2 Uhr, Fado ab 21 Uhr
- **Café Luso**
  Travessa da Queimada 10 (Bairro Alto)
  Tel. 213 422 281
  www.cafeluso.pt
  Tgl. 19.30–2 Uhr
- **A Parreirinha de Alfama**
  Beco do Espírito Santo 1 (Alfama)
  Tel. 218 868 209
  Tgl. bis 3 Uhr
- **Taverna d'el Rey**
  Largo do Chafariz de Dentro 14 (Alfama)
  Tel. 218 876 754
  http://tavernadelrey.pt.tripod.com
  Tgl. 19–2 Uhr
- **Marquês da Sé**
  Largo Marquês do Lavradio 1 (Alfama)
  Tel. 218 880 234
  www.marquesdase.com
  Di–So 20–2 Uhr
- **Típico O Faia**
  Rua da Barroca 54–56 (Bairro Alto)
  Tel. 213 426 742
  www.ofaia.com
  Mo–Sa bis 2.30 Uhr

Konzerte & Konserven

Eintauchen in die Welt des Fado kann man im **Museu do Fado** am Largo do Chafariz de Dentro am Rand der Alfama › S. 67. Das Museum bietet Hörproben aller Epochen, Führungen und Livekonzerte. Der Buchladen führt eine gute Auswahl an Tonträgern, Videos und Literatur mit und über Fado.

Groß ist die Palette an CDs und DVDs in den drei Filialen von **Fnac** › S. 54. Ganz auf Fado-Tonträger verlegt hat sich die **Discoteca Amália,** Rua Áurea 272 (Baixa), Tel. 213 420 939, Mo–Sa 10–20 Uhr.

Amália-Kult

Ein Muss für alle Fado-Fans ist der Besuch der **Casa Museu Amália Rodrigues,** des Museums im ehemaligen Wohnhaus der Sängerin › S. 89.

Filipe La Féria komponierte das Musical **Amália** als Hommage an die berühmte Tochter der Stadt (DVD).

Moderne Architektur –
Bahnhof Oriente

TOP-TOUREN IN LISSABON

Altstadt

Das Beste!

- Mit der nostalgischen Eléctrico Nr. 28 durch enge Gassen rattern › S. 61
- In prächtig gestalteten Kirchen in die Stadthistorie eintauchen › S. 63, 67, 68
- In einem der kleinen, volkstümlichen Lokale einkehren › S. 64, 67, 68
- Von verschiedenen Aussichtspunkten den Blick über Lissabon genießen › S. 69

Das Castelo de São Jorge auf dem Burgberg thront über dem Gassengewirr der Alfama. Spazieren Sie zu den Aussichtshügeln des nostalgischen Stadtteils Graça in die Mouraria, das ehemalige Maurenviertel.

Der 120 m hohe felsige Burgberg, auf dem sich das Castelo de São Jorge erhebt, ist die Keimzelle von Lissabon. Schon in vorrömischer Zeit stand hier eine Festung, die den Hafen bewachte. Weit reicht der Blick von dort oben über die Stadt und den Tejo. Wie eine Wehrburg wirkt auch die mittelalterliche Sé, die Kathedrale, die mit ihren zinnenbesetzten Türmen den Hang beherrscht. Zum Fluss hinunter klettert die Alfama mit ihrem anarchischen Gassenlabyrinth. In diesem ältesten Stadtviertel Lissabons mit seinen verwunschenen Winkeln, Treppenstiegen und Torwegen herrscht noch der Rhythmus einer anderen Zeit, es ist weitgehend ausgespart von der Hektik des Großstadtverkehrs. Historische Stadtteile mit viel Atmosphäre sind auch das traditionelle Arbeiterviertel Graça und die Mouraria.

Tour in der Altstadt

Tour 5 Zurück zu den Anfängen

Tour-Übersicht:

Verlauf: Sé › Miradouro de Santa Luzia › Castelo de São Jorge › São Vicente de Fora › Miradouro da Graça › Largo da Rosa

Dauer: ca. ½ Tag, mit Besichtigungen auch ein ganzer Tag

Praktische Hinweise:

- Die Anfahrt erfolgt am besten per U-Bahn bis Ⓜ Terreiro do Paço.
- Bei dieser Tour, die treppauf und treppab führt, wird der Zeitplan von der eigenen Neugier und Ausdauer bestimmt.
- Für Fußmüde gibt es genügend Rastplätze und den Eléctrico Nr. 28, die gemütliche Tram, die an den wichtigsten Sehenswürdigkeiten entlangfährt.
- Zum Castelo de São Jorge gelangt man mit dem Bus 737 ab Praça da Figueira.
- Vom Endpunkt, dem Largo da Rosa, ist es nicht weit bis zum Ⓜ Rossio.

Tour-Start:

Casa dos Bicos 1

Nicht weit vom Tejo steht die Casa dos Bicos mit heller Fassade aus stacheligen Spitzquadern. Nachdem das Erdbeben von 1755 nur das Erd-

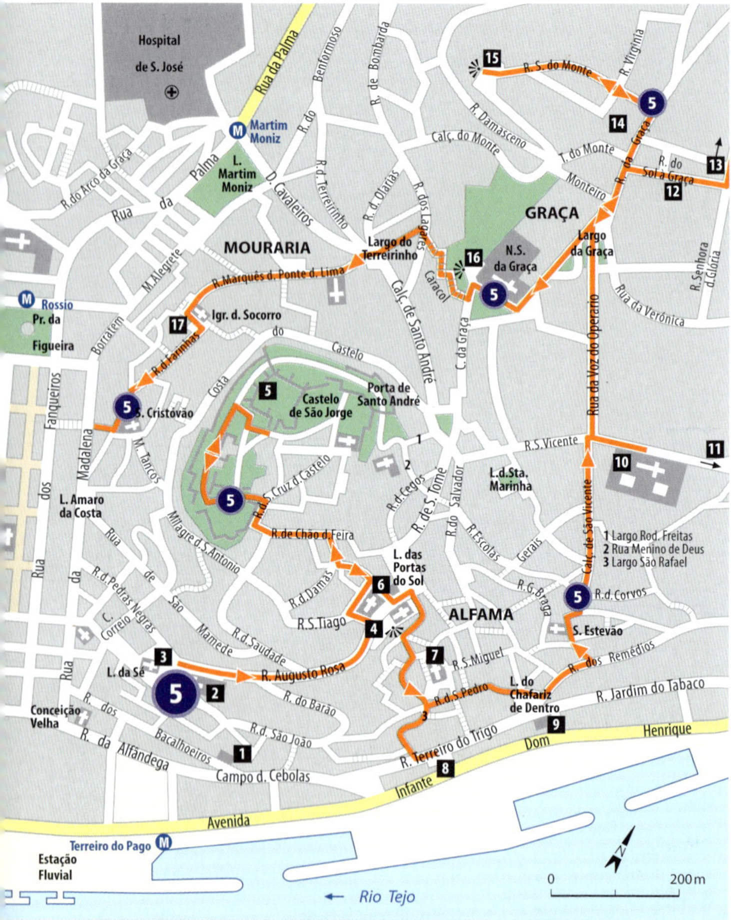

Tour in der Altstadt

Tour 5

Zurück zu den Anfängen

1 Casa dos Bicos
2 Sé
3 Igreja Santo António
4 Miradouro de Santa Luzia
5 Castelo de São Jorge
6 Palácio Azurara
7 Igreja de São Miguel
8 Chafariz d'El Rei
9 Museu do Fado
10 Igreja de São Vicente de Fora
11 Panteão Nacional
12 Vila Bertha
13 Vila Rodrigues
14 Bairro da Estrela
15 Miradouro do Monte
16 Miradouro da Graça
17 Largo da Rosa

geschoss verschont hatte, entschloss man sich in den 1980er-Jahren zu einer Rekonstruktion. Die Casa dos Bicos ist das Überbleibsel eines Stadtpalasts (1523) aus der Zeit König Manuels I. Lange war sie eines der größten und prächtigsten Wohngebäude der Stadt. Erbauen ließ es Brás de Albuquerque, ein unehelicher Sohn des Vizekönigs von Indien, Afonso de Albuquerque.

Largo da Sé

Sé (lat. *sedes episcopalis:* Bischofssitz) nennt man eine Kathedrale auf Portugiesisch. Die ****Sé** **2** von Lissabon ließ der erste portugiesische König Afonso Henriques 1147 nach der Eroberung der Maurenstadt als christliches Siegesmonument an der Stelle einer Moschee errichten, die dem Erdboden gleichgemacht wurde. 25 Jahre dauerte es nach dem Erdbeben von 1755, die Sé in alter Pracht wieder erstehen zu lassen.

Das mittelalterliche Erscheinungsbild geht auf die Restaurierung der Kathedrale zu Beginn des 20. Jhs. zurück. Das lichtarme, ernste Langhaus zeigt seither wieder die schlichte spätromanische Grundform mit dem Mittelschiff mit Tonnengewölbe und der umlaufenden Bogengalerie nach südfranzösischem Vorbild. Der Chor ist barock; Chorumgang und die Kapellen mit ihrer gotischen Gliederung stammen noch vom Wiederaufbau nach einem Erdbeben von 1340. In der mit Azulejos verkleideten Nische am Taufbecken links vom Eingang wurde der hl. Antonius getauft. Einen Blick lohnen die barocke Krippe von Machado de Castro in der Seitenkapelle und die gotischen Steingräber in den Chorkapellen.

Die Schatzkammer beherbergt den Reliquienschrein, der die sterblichen Überreste des hl. Vinzenz, des Schutzpatrons von Lissabon, enthält. Römische und maurische Siedlungsreste hat man bei Grabungen im frühgotischen Kreuzgang freigelegt.

SEITENBLICK

Raben zum Schutz

Portugals erster König Afonso Henriques hatte bei seinem Kampf um Lissabon den hl. Vinzenz um den Sieg angefleht und ließ ihm hier gleich nach der erfolgreichen Eroberung der Stadt eine Kirche bauen. Seither ist der spanische Märtyrer, der Bischof von Valencia war, auch der Schutzherr Lissabons. Nach der Legende bewachten große schwarze Raben sein Grab an einem Kap bei Sagres an der Algarve, das seither seinen Namen trägt. Sie begleiteten auch das Schiff, auf dem Afonso Henriques die Gebeine des Heiligen nach Lissabon in seine neue Kirche bringen ließ. Später wurden sie in die Kathedrale überführt. Dort bewahrt man bis heute einen Schrein mit Reliquien des Heiligen auf. Das Bild eines Segelschiffs mit zwei Raben schmückt das Stadtwappen, das in Lissabons Straßen allgegenwärtig ist: z.B. als Pflastermosaik oder als Verzierung von Straßenlaternen. Auch die schönste Altartafel des Mittelalters ist dem hl. Vinzenz gewidmet › **S. 51, 94.**

Die zierliche **Igreja Santo António** 3 unterhalb der Sé mit barock beschwingter Giebelfassade von 1767 ist dem hl. Antonius von Padua geweiht, der im Jahre 1195 an dieser Stelle geboren wurde. Unter dem Eindruck der Schriften des hl. Franz von Assisi wurde er Franziskaner; er ging nach Italien und wurde durch seine Predigten und die ihm zugeschriebenen Wunder berühmt. Mit 36 Jahren starb er in Padua. Bis heute feiert Lissabon alljährlich am 13. Juni › S. 54 seinen liebsten Heiligen – Schutzpatron für alle, die etwas verloren haben: die Liebe, das Glück, ein Weltreich …

Zwischenstopp: Restaurant

Estrela da Sé ●

Liebenswertes Überbleibsel Alt-Lissabonner Gasthauskultur mit hölzernen Séparées, in denen sich heimliche Liebespaare vor fremden Blicken verbergen konnten.

- Largo de Santo António da Sé 4
- Tel. 218 870 455

Shopping

Erst-! klassig

Gute Antiquitätenläden gibt es in der Rua Augusto Rosa, die von der Kathedrale aufwärts führt; die Galerie **Espaço Oikos** präsentiert dort Kunst aus Entwicklungsländern (Nr. 40). Bei **Outra Era** (Largo de Santo António da Sé 15) arrangiert man Antiquitäten mit viel Geschmack im Stil einer Galerie.

*Miradouro de Santa Luzia 4

Der Aussichtsplatz mit weitem Blick über die Dächer der Alfama bis zum Tejo wurde der Schutzheiligen der Augen gewidmet. Die neu gestaltete, großzügige Terrasse mit einem angrenzenden Garten, überrankter Pergola und fliesenverzierten Bänken lädt zum Verweilen und Schauen ein.

**Castelo de São Jorge 5

1

Durch die Travessa de Santa Luzia steigt man zur Burg hinauf. Hier befand sich im Mittelalter die maurische Herrscherresidenz innerhalb der Mauern der damaligen Stadt. Nachdem 1940 sämtliche Überbauungen entfernt wurden, ist daraus ein romantischer Ruinenpark mit großartigem Panorama über die Stadt geworden. Das Castelo, das man auf der Burgmauer umrunden kann, ist ideal zur ersten Orientierung (Tel. 218 800 620, www.castelodesaojorge.pt, März–Okt. 9–21, Nov.–Febr. 9–18 Uhr).

Zwischenstopp: Restaurants

Für die Mittagspause empfiehlt sich das Burgrestaurant **Casa do Leão** › S. 26.

A Tasquinha ●●

Das familiär geführte Lokal serviert bodenständige Spezialitäten der Region Minho auf einer großen Terrasse.

- Largo Contador-Mor 6
- Tel. 218 851 313
- http://restauranteatasquinha.pai.pt

Largo das Portas do Sol

Hangabwärts führt die Rua de São Tomé zum Largo das Portas do Sol, einem terrassenähnlichen Aussichtsplatz. Er verdankt seinen Namen den »Sonnenpforten«, einem Tor der ältesten Mauer um die Mau-

Das mittelalterliche Castelo de São Jorge

renstadt (Cerca Moura). Einer ihrer Türme ist in den barocken **Palácio Azurara** 6 integriert, in dem das **Museu de Artes Decorativas Portuguesas** mit Interieurs aus dem 16. bis 19. Jh. in historischen Räumen eingerichtet ist (www.fress.pt, Mi bis Mo 10–17 Uhr).

Zwischenstopp: **Café**

Vor dem Palácio Azurara bietet sich die Café-Bar **Cerca Moura** (tgl. 10–2 Uhr) für eine Erfrischung an. Sie ist eine beliebte Esplanada für einen Aperitif vor dem Start ins Nachtleben.

Erst-! klassig

2 **Alfama

Vom Largo das Portas do Sol steigt man in die Alfama hinab, das älteste Stadtviertel Lissabons. Seine Grundstruktur stammt noch aus maurischer Zeit. In die damals übel beleumundeten Spelunken der Alfama begaben sich zu Anfang des 20. Jhs. Bürgersöhne und Aristokraten heimlich, um den herzzerreißenden Liedern der Fadosängerinnen zu lauschen und sich unsterblich in sie zu verlieben. In der malerischen Alfama fühlt man sich in längst vergangene Zeiten zurückversetzt. Das nach langer Verwahrlosung angelaufene Sanierungsprogramm kann nur mühsam mit dem Verfall Schritt halten, moderner Wohnkomfort ist in vielen Gebäuden noch ein Fremdwort.

Bergab gelangt man über die Rua Norberto Araújo mit dem schwarzweißen Pflastermosaik und einige Treppengassen (links hinunter) zur **Igreja de São Miguel** 7, der Pfarrkirche der westlichen Alfama. Ihr barocker Innenraum birgt kunstvoll geschnitzte *Talha-dourada*-Altäre. Unterhalb der Kirche stößt man auf die Rua de São Pedro, die belebte Hauptachse mit Marktatmosphäre. Beim Largo de São Rafael führt die Rua da Judiaria abwärts, deren Namen an das ehemalige Judenviertel erinnert. Hier sind ein Turm der ältesten Stadtmauer und ein gotisches Doppelfenster zu sehen.

Durch den schiefen Torbogen Arco do Rosario, der zu einem Stadttor gehörte, gelangt man auf den Largo do Terreiro do Trigo, den »Kornplatz« am Fuß der Alfama, wo früher das Getreide für die Hauptstadt gespeichert wurde. Der **Chafariz d'El Rei** 8, der »Königsbrunnen«, lehnte sich ursprünglich an die Stadtmauer. Er ist der älteste bekannte Brunnen von Lissabon und existierte wohl schon im 13. Jh., auch wenn seine jetzige Form auf das 19. Jh. zurückgeht. Welches Gedränge an diesem Platz herrschte, kann man noch aus einer Verordnung des 16. Jhs. schließen, die die Benutzung der einzelnen Wasserhähne streng einteilte: jeweils für schwarze Sklaven und Mauren, für Seeleute und freie Männer, für farbige Frauen, Sklavinnen und freie weiße Frauen …

Der Fuß der Alfama lag einst direkt am Flussufer. Der Dockbereich und die Uferstraße entstanden erst

SEITENBLICK

Sardinen über alles

Nicht wegzudenken aus dem alten Fischerviertel Alfama sind die gegrillten Sardinen *(sardinhas)*. Vor den vielen kleinen Altstadtkneipen werden sie im Freien zubereitet; um die Mittagszeit und am frühen Abend zieht der Duft verführerisch durch die Gassen. Sardinen waren von jeher der Brotfisch Portugals. Riesige Schwärme zogen vor der Atlantikküste entlang und mussten nur abgeschöpft werden. Im 19. Jh., nach Erfindung der Konservendose, entstanden überall Fabriken, in denen die Frauen der Fischer Sardinen in Öl oder *escabeche* (Essigsauce mit Gewürzen) einlegten. In ganz Europa erwarben sich diese Produkte bald einen guten Ruf.

Das Grillen von Sardinen, heute zur Touristenattraktion avanciert, war früher eine schlichte Notwendigkeit. Vom überschüssigen Fang, der nicht konserviert wurde, ernährten die Fischer der Alfama ihre Familien. Unterdessen zieht der Preis des einstigen Arme-Leute-Essens an. Zwar haben Sardinen immer noch einen Anteil von rund einem Drittel am gesamten Fischfang des Landes, aber die Fangmengen gehen aufgrund von Überfischung seit Jahren spürbar zurück. Die Konservenfabriken müssen überdies mit der Konkurrenz aus Marokko mithalten, die dank Sondervereinbarungen praktisch freien Zugang zum Binnenmarkt der EU genießt. Viele Traditionsunternehmen haben in jüngerer Vergangenheit aufgegeben. Andere setzen verstärkt auf Qualität. Grundsätzlich findet zum Einlegen von Sardinen heute nur noch hochwertiges, natives Olivenöl Verwendung.

Erst-! klassig

Die **Conserveira de Lisboa** verkauft hochwertige, nostalgisch verpackte Fischkonserven (vorwiegend Sardinen und Thunfisch in unterschiedlichen Zubereitungsformen) aus eigener Produktion (Rua dos Bacalhoeiros 34, Tel. 218 864 009, www.conserveiradelisboa.pt, Mo–Sa 9–19 Uhr).

im 19. Jh. Am Largo do Chafariz de Dentro, dem alten Foyer der Alfama am Tejo, ist das ***Museu do Fado** 9 einen Besuch wert (Tel. 218 823 470, www.museudofado.pt, Di–So 10 bis 18 Uhr). Es bietet u.a. Hörproben an interaktiven Multimediastationen, präsentiert Instrumente und Fotos › **Special S. 56**. Zum Museum gehört das Café-Restaurant A Travessa do Fado (Tel. 218 870 144, Mo, Di geschl.).

Erst-klassig

Vom Largo do Chafariz de Dentro führt nach rechts die Rua dos Remédios in den vornehmeren Osten der Alfama, die sogenannte *zona nobre*.

Zwischenstopp: **Restaurant**

Mestre André ●

Neben einem manuelinischen Portal lädt das einfache kleine Esslokal zur Einkehr ein. Im Sommer stehen Tische im Freien.

- Calçadinha de Santo Estevão 6
- Tel. 218 871 487
- Sa mittags und So geschl.

3 **Igreja de São Vicente de Fora 10

An der Stelle dieser architektonisch bedeutendsten Kirche Lissabons schlugen 1147 während der Belagerung des maurischen Lissabon die flandrischen und kölnischen Kreuzritter, die König Afonso Henriques bei seiner Unternehmung unterstützten, ihre Zelte auf. Später ließen sie ihre Gefallenen auf dem ehemaligen Lagerplatz begraben.

São Vicente, das der König gleich nach der Eroberung gründete, gehört zu den ältesten Stadtpfarreien. Während der Herrschaft der Spani-

Fado-Legende: Amália Rodrigues

er im Auftrag von Philipp II. neu errichtet und 1629 eingeweiht, war der repräsentative Spätrenaissancebau 200 Jahre lang vorbildlich für Lissabons Kirchenarchitektur. Am Entwurf waren der italienische Hofarchitekt Felipe Terzi und der Escorial-Baumeister Herrera beteiligt.

Der mit schwarzem und weißem Marmor verkleidete Innenraum strahlt Ruhe aus. Ein flaches hölzernes Tonnengewölbe ersetzt die beim großen Erdbeben eingestürzte Kuppel. Von Machado de Castro stammt der barocke Hochaltar mit gewundenen Säulen. Im südlichen Querschiff wird die Grabplatte für den bei der Belagerung von Lissabon gefallenen deutschen Ritter Heinrich aufbewahrt, aus dessen Grab eine wundertätige Palme gesprossen sein soll (Di–So 9–17 Uhr).

In den Kreuzgängen des angrenzenden Klosters sind großflächige Azulejo-Paneele aus dem 17. Jh. zu bewundern. Das frühere Refektorium wurde 1885 zur Grablege der Bragança-Dynastie umfunktioniert, die 1640–1910 die portugiesischen

Könige stellte. Schwere Marmorsarkophage bergen die sterblichen Überreste von João IV. und anderen Monarchen (Di–So 10–18 Uhr).

Zwischenstopp: Restaurant

A Parreirinha de São Vicente ●

Das volkstümliche Lokal serviert gegrillte *carapauzinhos* (kleine Makrelen) und *lulas* (Tintenfische).

- Calçada de São Vicente 54
- Tel. 218 868 893

Shopping

Loja da Calçada

Nostalgischer Laden – eine Fundgrube für dekorative antike Wohnobjekte.

- Calçada de São Vicente 51

Campo de Santa Clara

Hinter São Vicente öffnet sich ein freundlicher Platz mit Blick auf die glitzernde Tejo-Bucht und die weiße Kuppel der Igreja Santa Engrácia. Auf der linken Seite reihen sich herrschaftliche Fassaden aneinander und in der Mitte erhebt sich der **Mercado de Santa Clara,** eine historische Markthalle mit Lebensmittelständen und Trödelläden (Mo–Sa 7–19 Uhr).

Die **Feira da Ladra** (»Markt der Diebin«), Lissabons ältester Trödelmarkt, findet am Samstag und Dienstag auf dem Campo de Santa Clara statt (9–18 Uhr).

Erst-! klassig

Panteão Nacional 11

Die Bauarbeiten an der Igreja de Santa Engrácia begannen 1682, konnten aber erst im 20. Jh. zum Abschluss gebracht werden: 1966 setzte man dem prächtigen Zentralbau die Kuppel auf. Der langen Erbauungszeit der Kirche verdankt sich ein geflügeltes Wort: Als »Obras de Santa Engrácia« bezeichnet man Werke, die ewig nicht zu Ende gebracht werden. Santa Engrácia wurde zu einer Zeit fertiggestellt, als

Stimmungsvolles Ambiente mit Aussicht am Miradouro da Graça

man eine so große Kirche nicht mehr brauchte. Daher widmete man sie zum Panteão Nacional, zur Ruhmeshalle für nationale Größen um. Nun sind hier die Grabdenkmäler illustrer Portugiesen aufgestellt, darunter auch das der Fadosängerin Amália Rodrigues als einziger Frau. Kenotaphe ehren Vasco da Gama und andere Protagonisten des Zeitalters der Entdeckungen. Von der Aussichtsplattform auf 40 m Höhe bietet sich ein schöner Blick (Di–So 10–17 Uhr).

Graça

Die Rua da Voz do Operário (»Straße der Arbeiterstimme«) ist sozialgeschichtlich interessant. Hier liegt der Sitz des Arbeitervereins mit kolossalen Säulen an der Eingangsfront (1913). Die »Voz do Operário«, 1883 als Selbsthilfeverein der Tabakarbeiter gegründet, unterhält noch heute u.a. Kindergärten und Grundschulen.

Ende des 19. Jhs. erlebte Lissabon einen Industrialisierungsschub, der mit einem immensen Zustrom von Menschen verbunden war. Um dem akuten Wohnraummangel abzuhelfen, finanzierten einige Unternehmer Wohnsiedlungen für ihre Untergebenen, sogenannte *vilas* und *pátios*. Sie liegen meist im Umkreis des Largo da Graça. Am schönsten ist die **Vila Bertha** 12 (Rua do Sol á Graça 55/59) mit ihren eisernen Balkonterrassen von 1902.

Aus demselben Jahr stammt hangabwärts die **Vila Rodrigues** 13 (Rua Senhora da Glória 142) mit ihren charakteristischen eisernen Außentreppen und Galerien. Ein richtiges kleines Quartier schuf ein galicischer Fabrikant auf der Westseite der Rua da Graça mit dem **Bairro da Estrela** 14 (Sternenviertel) von 1908, dessen Sternensymbole das Azulejo-Bild am Eingang, Straßenpflaster, Balkone und Hauswände zieren. Der Zugang erfolgt über die Rua Senhora do Monte und Rua J. Maia.

Die reizvollsten Aussichtspunkte

Erst-! klassig

- Über den Dächern der Alfama schwebt der viel besuchte **Miradouro de Santa Luzia** › **S. 64.**
- Einen der schönsten Panoramablicke über Lissabon bietet der Burgpark des **Castelo de São Jorge** über der Altstadt › **S. 64.**
- Nicht nur die wunderbare Aussicht, sondern auch die geheimnisvolle Wallfahrtskirche locken zum **Miradouro do Monte** › **S. 69.**
- Bis zum den Tejo überspannenden Ponte 25 de Abril schaut man von der Café-Terrasse am **Miradouro da Graça** › **S. 70.**
- Die Auffahrt mit dem nostalgischen **Elevador de Santa Justa** führt zu einer luftigen Plattform hoch über der Baixa › **S. 74.**
- Aus westlicher Richtung erschließt sich die Sicht über Lissabon vom **Miradouro São Pedro de Alcântara** aus › **S. 86.**
- Vom stillen schattigen **Jardim do Torel,** zu erreichen per Standseilbahn, schweift der Blick über die Avenidas zum Bairro Alto › **S. 104.**

Für Sammler schöner Ausblicke lohnt der Gang zum ***Miradouro do Monte** 15, einem der höchsten Punkte der Stadt mit 360-Grad-Panorama. Versteckt unter Bäumen steht dort die **Ermida de São Gens e de Nossa Senhora do Monte,** eine Wallfahrtskirche, die sowohl dem ersten Bischof der Stadt als auch der Muttergottes geweiht ist. In den Bischofsstuhl von São Gens setzen sich auch heute noch Frauen, um von dem Heiligen Kindersegen zu erbitten.

Erst-! klassig

Ein weiterer grüner Aussichtsbalkon ist der ***Miradouro da Graça** 16. Er liegt bei der gleichnamigen Igreja da Graça. Eine schattige Café-Terrasse mit Panoramablick lockt vor der Kirche › **S. 35**.

*Mouraria

Der Treppensteig Caracol da Graça (»Schnecke«) windet sich von der Igreja da Graça hinunter zum ehemaligen Maurenviertel. Es wurde nach der Eroberung von 1147 den in der Stadt verbliebenen Mauren zugewiesen. Sie durften dort zwar weiterhin ihre Religion ausüben, doch ihr Leben war ebenso wie das der Juden streng reglementiert. Nach Sonnenuntergang herrschte strikte Ausgangssperre. Mauren durften keinen Besuch von Christen in ihren Häusern empfangen, und christlichen Frauen war das Betreten der Mouraria bei Strafe verboten. 1496 wurde die freie Religionsausübung schließlich aufgehoben, und dies bedeutete entweder Einwilligung zur christlichen Taufe oder aber Vertreibung.

Im 19. Jh. war die Mouraria anrüchig und verrufen. In ihren Tavernen soll der Fado geboren worden sein. Zumindest lebte hier seine berühmteste Interpretin, Maria Severa Onofriana (1820–1846). Nur wenige Touristen durchstreifen heute dieses urige Volksviertel, das in seinen dunkelsten Ecken noch einen Eindruck von den wilden Tagen der Severa vermittelt.

Über die Travessa dos Lagares geht es zum Largo do Terreirinho. Man überquert die Gleise des Eléctrico, biegt in die Rua Marquês de Ponte do Lima ein und folgt der Straße ein Stück weit. Von hier kann man zum **Largo Martim Moniz** hinuntersteigen.

Wer länger durch die Mouraria bummeln will, bleibt auf der Rua Marquês de Ponte do Lima. Rechts neben der rosafarbenen barocken Igreja do Socorro erinnert eine Tafel an der Hauswand daran, dass sich dort die erste Niederlassung der Jesuiten befand – zur Durchsetzung der Rechtgläubigkeit schon 1542 berufen. 50 Jahre zuvor war zum letzten Mal der Ruf des Muezzin in der Mouraria erklungen.

Aristokratisch erscheint der **Largo da Rosa** 17 mit seinen renovierten Palastfassaden in Pink, die dem Namen des Platzes alle Ehre machen. An kleinen Tascas vorbei geht es durch die Rua de São Cristovão zur gleichnamigen Kirche. Der Treppensteig davor führt zur Rua da Madalena in der Baixa.

Blick vom Elevador de Santa Justa auf Baixa und Burgviertel

Baixa

Das Beste!

- Das schwarz-weiße Mosaik aus kunstvoll arrangierten Pflastersteinen auf dem Rossio bewundern › S. 73
- Mit dem nostalgischen Elevador de Santa Justa ins Chiado-Viertel hinauffahren › S. 74
- In einem der volkstümlichen Lokale der Baixa Stockfischkroketten verspeisen › S. 75
- Den Blick über die Praça do Comércio schweifen lassen, Lissabons einstiges Tor zur Welt › S. 77

› Karte S. 75

Vom lebhaften Rossio-Platz bummeln Sie durch die rasterförmig angelegten Straßenzüge der Unterstadt Baixa mit ihren feinen Geschäften zur repräsentativen Praça do Comércio am Tejo.

Das regelmäßige Schachbrett von Downtown Lissabon zwischen den großen Stadtplätzen Rossio und Praça do Comércio am Tejo ist das Ergebnis des Wiederaufbaus nach dem Erdbeben von 1755. Die Baixa (wörtlich »Senke«), einst eine Tejo-Bucht, wurde erst um 1300 trockengelegt und bebaut. Sie entwickelte sich zum Mittelpunkt der aufsteigenden Seemacht Portugal und war schon im Mittelalter Zentrum von Handel und Kommerz.

Nach den tagelangen Feuersbrünsten, die dem großen Beben von 1755 folgten, war die Baixa mit dem Königspalast völlig zerstört. Das Chaos und die grenzenlose Panik, die in der Stadt herrschten, wurden in kürzester Zeit unter Kontrolle gebracht. Dies war das Verdienst des Ministers Marquês de Pombal. Dieser ehrgeizige Mann wurde vom König mit diktatorischen Vollmachten ausgestattet und mit der Organisation des Wiederaufbaus betraut. Schon einen Monat nach dem Erdbeben lagen die ersten Pläne vor. Pombal entschied sich für die radikale Lösung, die Baixa vollständig einzuebnen und dort ohne Rücksicht auf die bisherigen Besitzverhältnisse eine funktionelle Modellstadt nach den bürgerlichen und antiklerikalen Idealen der Aufklärung zu errichten: gerade, breite Straßen, gesäumt von gleichförmigen Häuserblocks mit Gewerberäumen und Wohnungen darüber. Die Baixa wurde zum bürgerlichen Handelszentrum – ohne Königsresidenz, Adelspaläste oder Kirchen. Bis heute ist die Baixa ein umtriebiges Geschäftsviertel.

Der großzügig angelegte Rossio mit seinen Brunnen ist quirliger Mittelpunkt der Stadt

Tour in der Baixa

Tour 6 Geschäftsviertel vom Reißbrett

Tour-Übersicht:

Verlauf: **Rossio › Elevador Santa Justa › Rua Augusta › Praça do Comércio › Cais do Sodré**

Dauer: ca. 2 Std.

Praktische Hinweise:

- Der Rossio ist Verkehrsknotenpunkt mit dem nahe gelegenen Bahnhof sowie den Metrostationen Ⓜ Restauradores und Ⓜ Rossio.
- In der Baixa selbst bewegt man sich am besten zu Fuß.
- Zurück geht es dann ab Ⓜ Cais do Sodré (auch Bahnhof).

Tour-Start: *Rossio 1

Der Stadtplatz mit zwei Brunnen aus Paris (1890) und der Statue des offiziellen Namenspaten Dom Pedro IV. in der Mitte war jahrhundertelang Markt- und Gerichtsstätte, Versammlungs- und Festplatz; hier fanden Stierkämpfe und Ketzerverbrennungen statt. Der Palast des Großinquisitors okkupierte die Nordseite des Platzes, an der sich heute das **Teatro Nacional Dona Maria II.** mit seiner klassizistischen Säulenfront erhebt. Das schwarz-weiße Wellenmuster aus Kalk- und Basaltsteinen ist das älteste Pflastermosaik der Stadt (Mitte 19. Jh.).

Der Rossio ist der brausende Mittelpunkt Lissabons. Die Stühle vor den Cafés Nicola und Pastelaria Suiça › **S. 31** sind ideale Logenplätze zur Beobachtung der lebendigen Platzbühne.

Im Gegensatz zum Rossio wirkt die weite Fläche der nahe gelegenen **Praça da Figueira** 2 ziemlich öd und leer, seit der zentrale Lebensmittelmarkt Anfang der 1950er-Jahre abgerissen wurde.

Zwischenstopp: Café

Die **Confeitaria Nacional**, eine liebenswert altmodische Konditorei, hält an der Ecke zum Rossio beliebte Naschereien zu einer *bica* oder einem *galão*, Milchkaffee im Glas, bereit › **S. 30**.

Erst-klassig

Shopping

Manuel Tavares

In dem 1860 gegründeten Feinkostladen kann man sich mit Kulinaria eindecken: edlem Port, pikantem *queijo de ovelha* (Schafskäse) aus Azeitão oder *chouriço*.

- Rua da Betesga 1-A
- Tel. 213 424 209
- www.manueltavares.com

**Baixa Pombalina

Die von Pombal geplante heutige Baixa Pombalina schließt südlich an den Rossio und die Praça da Figueira an. Der Stadtteil besteht aus einem rechtwinkligen Raster von acht Längs- und acht Querachsen. Die Straßen der Längsachse wurden den wichtigsten Zünften zugewiesen: die Straße der Gold- und der Silberschmiede (Rua do Ouro – heute Rua Áurea – und Rua da Prata), der Ver-

› Karte S. 75

golder (Douradores), Tuchhändler (Fanqueiros), Schuh- (Sapateiros) und Sattelmacher (Correeiros).

Am Beginn der Rua dos Sapateiros zieht der **Animatógrafo do Rossio** den Blick auf sich, Lissabons ältestes, 1907 eröffnetes Filmtheater. Hinter der verschnörkelten Jugendstilfassade verbergen sich heute ein Pornokino und eine Peep-Show.

Restaurants

O Arco do Rossio ●

Deftige portugiesische Küche und brasilianische *picanha*. Mittags wählt man Mo–Fr vom Buffet; So geschl.

- Rua dos Sapateiros 163
- Tel. 213 420 142

Leitaria A Camponesa ●

Das winzige, stuckverzierte Café in der Baixa geht noch auf die Zeit des Jugendstils zurück.

- Rua dos Sapateiros 155
- Mo–Fr 8–19 Uhr

**Elevador de Santa Justa 3

Am Ende der Querstraße Rua de Santa Justa ist ein filigraner Eisenturm zu bestaunen: der 1902 eröffnete Aufzug Santa Justa als Direktverbindung zum 45 m höher gelegenen Stadtteil Chiado. Sein Erbauer war ein Schüler Gustave Eiffels, der Ingenieur Raoul Mesnier de Ponsard, der auch die Standseilbahnen Lissabons konstruierte. Die Auffahrt mit einer der beiden nostalgischen Fahrstuhlkabinen zur Aussichtsplattform sollte man sich nicht entgehen lassen. Sie gewährt den vielleicht schönsten Blick auf die Stadt. Mit dem Aufzug gelangt man mitten ins Chiado-Viertel. Erst-klassig

Um die Rua Augusta

Die Hauptachse der Baixa, die Rua Augusta, ist Fußgängerzone ebenso wie die angrenzenden Querstraßen. Nicht nur Shopping ist hier ange-

SEITENBLICK

Das große Beben

Am Allerheiligentag, dem 1. November 1755, morgens kurz vor 10 Uhr bebte die Erde. Das gewaltigste *terramoto* der Stadtgeschichte, das die Stufe 9 der Richterskala erreichte und in ganz Europa wie auch von Marokko bis zu den Karibischen Inseln spürbar war, legte Lissabon in Trümmer. Die Katastrophe zerstörte nicht nur eine Großstadt, sondern auch das auf Berechenbarkeit angelegte Weltbild der Vernunft und erschütterte die aufgeklärten Geister Europas von Kant bis Voltaire. Noch Jahrzehnte später erregte sich Goethe über »die schrankenlose Willkür der Natur«.

Nach den tagelangen Feuersbrünsten, die dem Beben folgten, war der größte Teil Lissabons, das damals eine Viertelmillion Einwohner hatte, vernichtet. 110 Kirchen, 300 Paläste und sämtliche Hospitäler waren zerstört. Die Angaben über die Zahl der Todesopfer reichen von 10 000 bis 60 000, wahrscheinlich verloren über 20 000 Menschen ihr Leben. Vom Adel, der ebenso wie die Königsfamilie den Feiertag auf seinen Landgütern verbracht hatte, kam niemand zu Schaden.

sagt, sondern auch Kulinarisches wird geboten. Überall halten kleine Imbissläden *petiscos* wie *pastéis de bacalhau* (Stockfischkroketten) bereit. Auch »richtig« essen kann man in einer Reihe volkstümlicher Lokale vor allem in der Rua dos Correeiros und der Rua da Conceição, die zur Mittagszeit von Geschäftsleuten und Einkaufskunden aufgesucht werden.

Ein ohne spätere Veränderungen erhaltenes Haus aus der Pombalzeit steht in der Rua Augusta 44/52. Die Struktur der damaligen Häuser war denkbar einfach: vier oder fünf Stockwerke mit Läden im Parterre und ein Mansardendach. Dekorati-

Tour in der Baixa

Tour 6

Geschäftsviertel vom Reißbrett

1 Rossio
2 Praça da Figueira
3 Elevador de Santa Justa
4 Núcleo Arqueológico da Rua dos Correeiros
5 MUDE – Museu do Design e da Moda
6 Praça do Comércio
7 Lisboa Story Center – Memórias da Cidade
8 Paços do Concelho
9 Igreja Conceição Velha
10 Mercado da Ribeira

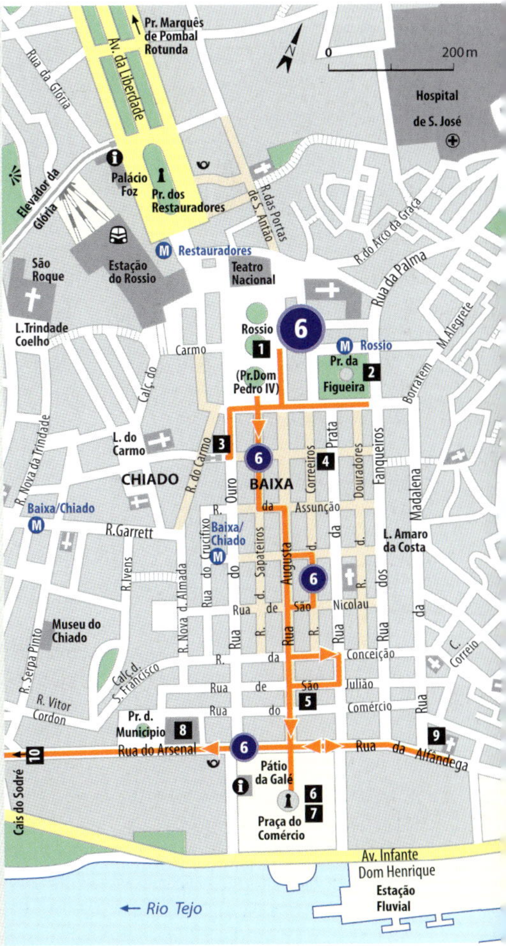

› Karte S. 75

Die arkadenumsäumte Praça do Comércio mit Triumphbogen und Reiterdenkmal von Dom José I.

on war per Dekret verboten. Nur die Eckpilaster und die Balkongitter der ersten Etage unterbrechen die monotone Fensterreihung.

Auch die helle Ockerfarbe der Putzfassaden war vorgeschrieben. Eine technische Neuerung stellte die erdbebensichere Konstruktion über einem fachwerkartigen Holzgerüst dar, das man *gaiola* (Käfig) nannte. In den Straßen wurde eine erste Kanalisation verlegt, die Häuser selbst verfügten weder über Sanitäranlagen noch über Kamine zum Heizen.

Beim Umbau eines weiteren Hauses der Pombalzeit in eine Filiale der Bank Millennium bcp wurde in den 1990er-Jahren der Untergrund ergraben. Angefangen mit der iberisch-karthagischen Zeit, decken die Funde 2500 Jahre Stadtgeschichte ab. Die archäologische Stätte ist heute mitsamt einem kleinen Museum als **Núcleo Arqueológico da Rua dos Correeiros** **4** zu besichtigen (Mo–Mi, Fr, Sa 10–13, 14–17, Do 15–17 Uhr, Eintritt frei).

In einem ehemaligen Bankgebäude eröffnete das **MUDE – Museu do Design e da Moda** **5**. Den Grundstock seiner Sammlung bilden rund 1000 Designobjekte sowie etwa 1200 Kleidungsstücke der Haute Couture aus allen Epochen des 20. Jhs. (Rua Augusta 24, Tel. 218 886 117, www.mude.pt, Di–So 10–18 Uhr, Eintritt frei).

Zwischenstopp: **Restaurant**

Pessoa ●●

Das Lokal hieß schon so, als der Dichter Fernando Pessoa hier als Angestellter einer Export-Import-Firma arbeitete. Am 27. März 1913 schrieb er in sein Tagebuch: »Mit geliehenem Geld aß ich im Restaurant Pessoa zu Mittag.«

- Rua dos Douradores 190
- Tel. 218 874 250
- So–Fr 12–16, 19–22 Uhr

**Praça do Comércio 6

Durch den **Arco Monumental,** einen großen Triumphbogen von 1875, tritt man auf die Praça do Comércio. Deren ursprünglichen Namen Terreiro do Paço (»Schlossplatz«) verwenden die Lissabonner noch immer. Denn vor dem großen Erdbeben stand hier der unter Manuel I. errichtete Königspalast.

Seit seiner Neugestaltung unter Pombal rahmen Arkaden den weiten, zum Fluss hin offenen Platz. In der Mitte steht das bronzene Reiterstandbild von Dom José I. (1775), dem königlichen Auftraggeber Pombals. Entworfen wurde es von Machado de Castro.

In den Gebäuden ringsum sind außer der Börse verschiedene Ministerien sowie das **Lisboa Welcome Center** (Ask me Lisboa) › **S. 138** untergebracht. Zu einer multimedialen Zeitreise durch die Stadtgeschichte lädt das **Lisboa Story Center – Memórias da Cidade** 7 ein. Besonders eindrucksvoll kann der Besucher u.a. das große Erdbeben von 1755 in 4D »miterleben« (www.lisboastorycentre.pt, tgl. 10–20 Uhr, letzter Einlass 19 Uhr).

Erst-! klassig

An der Ostseite der Praça do Comércio steht das arg verfallene Art-déco-Gebäude der **Estação Sul e Sueste** (1931). Der alte Flussbahnhof wurde durch die moderne **Estação Fluvial Terreiro do Paço** gleich nebenan ersetzt, von der man per Fähre in 40 Min. nach Barreiro am Südufer des Tejo übersetzt.

Vor dem Postamt an der Praça do Comércio fiel König Carlos I. zusammen mit dem Thronfolger Luís Filipe 1908 während einer Kutschfahrt einem Attentat zum Opfer. Am 5. Oktober 1910 wurde – gleich um die Ecke – von den **Paços do Concelho** 8 (Rathaus) aus die Re-

SEITENBLICK

Marquês de Pombal

1755 war er der Mann der Stunde: modern, tüchtig, zupackend und radikal in seinem Durchsetzungsvermögen. Einen »aufgeklärten Despoten« hat man den Minister von König José I. genannt, dem der Wiederaufbau des vom Erdbeben zerstörten Lissabon zu verdanken ist. Mit Zustimmung des Königs, der das Regieren bald ganz seinem Vertrauensmann überließ, entstand nicht nur eine neue Stadt aus den Ruinen. Das gesamte marode Staatswesen sollte umgekrempelt werden, eine Herkulesarbeit, die Pombal nur teilweise verwirklichen konnte. Er sorgte für mehr soziale und steuerliche Gerechtigkeit, schaffte die Sklaverei ab, kümmerte sich um die Produktivität der Landwirtschaft und reformierte die Volkswirtschaft, u.a. durch die Gründung einer Staatsbank und mehrerer Manufakturen. Er beschnitt die Vormachtstellung von Adel und Kirche, vertrieb die Jesuiten und setzte feudalen Privilegien ein Ende. Damit schuf er sich Todfeinde, die dafür sorgten, dass die Ära Pombal nach dem Tod Josés 1777 mit der Herrschaft der frommen Maria I. jäh beendet wurde. Verbannt und verbittert verbrachte der große Reformator seine letzten Lebensjahre auf seinem Landsitz in Oeiras bei Lissabon.

› Karte S. 75

Buntes Angebot in der Markthalle des Mercado da Ribeira

publik proklamiert. Bei der gewundenen Säule auf dem Vorplatz handelt es sich um einen *pelourinho* (Schandpfahl), einst Zeichen städtischer Gerichtsbarkeit.

Ein kurzer Abstecher in die Rua da Alfândega führt zur **Igreja Conceição Velha** **9**. Das manuelinische Portal und die Fenster der Fassade stammen von der beim Erdbeben zerstörten Kirche der Misericórdia, einer bereits im Mittelalter gegründeten Wohlfahrtsorganisation. Die **Santa Casa da Misericórdia** existiert bis heute, jetzt mit Hauptsitz neben der Igreja São Roque › **S. 85**, und widmet sich der Armenfürsorge. Sie finanziert sich über Lotterieeinnahmen. Zum Straßenleben in Lissabon gehören die Rufe der Losverkäufer, die durch die Gassen und Lokale ziehen.

Zwischenstopp: Restaurant

Martinho da Arcada ●●●
Hier ertränkte schon Fernando Pessoa als Stammgast seine *saudade* im Alkohol. Das im Jahr 1778 als erstes Café der Stadt gegründete Etablissement ist nun ein Restaurant mit Eckcafé von Alt-Lissabonner Charme mit Pessoa-Souvenirs › **S. 30**.

Erst-klassig

- Praça do Comércio 3
- Tel. 218 879 259
- Mo–Sa 8–23 Uhr

Cais do Sodré

Die Rua do Arsenal mit ihren kleinen Lebensmittelgeschäften und Souvenirläden führt zum Cais do Sodré, einem wichtigen Verkehrsknotenpunkt. Den gleichnamigen Bahnhof aus dem Jahr 1928 schmücken ornamentale Art-déco-Fliesenmosaike. Von hier aus fahren die Züge nach Estoril und Cascais (Linha de Cascais › **S. 21**). Am Fährterminal legen Fähren nach Cacilhas, Seixal und Montijo ab.

Die Kuppelhalle des ***Mercado da Ribeira** **10** schräg gegenüber, an der Avenida 24 de Julho, diente früher als städtischer Zentralmarkt. Aus Platzgründen wurde dieser in einen Vorort verlegt. Im malerischen Erdgeschoss der Markthalle aus dem Jahr 1882 werden aber weiterhin frische Lebensmittel aller Art (Di–Sa 5–14 Uhr) sowie Blumen (Mo–Mi 7–14, Fr 16–20 Uhr) verkauft.

Die Uferpromenade am Cais do Sodré ist Treffpunkt der Jogger, Skater und Radfahrer.

Die Standseilbahn mit der größten Steigung ist der Elevador da Bica

Oberstadt und West-Side

Das Beste!

- Im Literatencafé A Brasileira das Flair vergangener Jahrzehnte genießen › S. 81
- In die tropische Dschungelatmosphäre des Jardim Botânico eintauchen › S. 90
- Per Standseilbahn ins Chiado-Viertel oder in die Bica hinaufgleiten › S. 92
- Seite an Seite mit Parlamentariern in einem der kleinen Restaurants der Madragoa speisen › S. 94

› Karte S. 82

Auf den Spuren der Bourgeoisie, der Dichter und des Fado im Chiado und Bairro Alto. Volkstümliche und vornehme Wohnviertel im Westen warten mit interessanten Museen auf. Von den Miradouros bieten sich herrliche Blicke auf die Stadt.

Zwei Standseilbahnen und der Aufzugturm Santa Justa führen zu den westlich der Baixa über einem Steilhang liegenden Vierteln Chiado und Bairro Alto hinauf. Der Chiado war seit Mitte des 19. Jhs. das Promenierviertel des gehobenen Bürgertums, 1878–1902 der erste und einzige Stadtteil Lissabons mit elektrischer Straßenbeleuchtung. »Paris em Lisboa« (Paris in Lissabon) steht heute noch an der Jugendstilfassade eines Ladengeschäfts, und das genau war es, was man anstrebte: Weltstadtniveau nach Pariser Vorbild mit luxuriösen Geschäften, Cafésalons, Oper und Theatern. Immer noch atmet der Chiado mit seinen vornehmen Fassaden den diskreten Charme der Bourgeoisie.

Buntes Volksleben dagegen erfüllt das Bairro Alto. Zur Nachtzeit wandelt sich dort das Bild: Die engen Sträßchen mit den bröckelnden Fassaden beherbergen, was man tagsüber kaum bemerkt, Lissabons größte Konzentration an Kneipen – Restaurants, Bars, Fado-Lokale. Die vornehme Westseite des Bairro Alto wie auch die traditionellen Viertel Estrela, Lapa und Madragoa sind hingegen still und aristokratisch.

Fernando Pessoa hat vor dem Café A Brasileira im ehemaligen Literatenviertel Chiado seinen Stammplatz

Touren in Oberstadt und West-Side

Tour 7 Chiado und Bairro Alto

Tour-Übersicht:

Verlauf: **Rossio › Chiado › Miradouro São Pedro de Alcântara › Bairro Alto › São Bento › Jardim Botânico › Largo do Rato**

Dauer: ca. ½ Tag, mit Besichtigungen auch länger

Praktische Hinweise:

- Ausgangspunkt ist der Rossio (per Bahn oder Ⓜ Rossio bzw. Restauradores).
- Zurück geht es ab Ⓜ Rato.
- Die Tour sollte man in kleinere Etappen aufteilen, denn so manches verlockt am Wege zur Rast.

Tour-Start: Rua Garrett

Der zentrale Aufgang zum Stadtviertel ****Chiado** führt vom Rossio über die Rua do Carmo zur Rua Garrett, der Hauptachse des Viertels. Hinter den nach einem Großbrand 1988 wieder errichteten pombalinischen Fassaden wetteifern exklusive Designerläden und neue Treffs mit den alten Nostalgieadressen der Rua Garrett. Im Block des abgebrannten Kaufhauses Grandella hat sich nach der Restaurierung u.a. das elegante Hotel Lisboa Regency Chiado etabliert.

Die **Igreja dos Mártires** **1** aus dem 18. Jh. gehört zu den ältesten Pfarreien Lissabons: Ihre Gründung geht auf den ersten portugiesischen König Afonso Henriques aus Anlass der Stadteroberung 1147 zurück.

SEITENBLICK

5

Die Poeten und der Chiado: das Café A Brasileira

Der Chiado war früher auch die Welt der Literaten und ihrer Cafés. Viele Straßen und Plätze tragen die Namen von Dichtern, so die Rua Almeida Garrett nach einem Romantiker des 19. Jhs. Dem Nationaldichter Luís de Camões sind das Denkmal und der baumbestandene Platz in der Blickachse der Rua Garrett gewidmet. António Ribeiro Chiado war Mönch und volkstümlicher Verseschmied des 16. Jhs.

Der Intellektuellenzirkel mit dem dekadenten Namen »Die vom Leben Besiegten« (Vencidos da Vida), dem u.a. der Romancier Eça de Queirós angehörte, versammelte sich im **Tavares,** heute ein edles Traditionsrestaurant › S. 26. Eça de Queirós umarmt auf seinem Denkmal an der Rua do Alecrim eine nackte Muse. Fernando Pessoa sitzt in Bronze gegossen vor dem berühmten Café **A Brasileira** (●●●, Rua Garrett 120, Tel. 213 469 547, tgl. 8–2 Uhr), das zu seinen Stammlokalen zählte. Für die Bohème seiner Zeit war es die zweite Wohnstube, hier diskutierte man besonders gern. Ursprünglich wurde das A Brasileira 1905 als Laden für brasilianischen Kaffee eröffnet, 1922 zum Kaffeehaus umgebaut. Wenngleich seine Glanzzeiten Vergangenheit sind, ist es nach wie vor beliebter Treffpunkt.

› Karte S. 82

Shopping

Bis heute konzentrieren sich im Chiado die Buchhandlungen und Antiquariate. Die **Livraria Bertrand** in der Rua Garrett 73 (www.bertrand.pt) gibt es bereits seit 1732. Heimlich wurde hier die von der Inquisition verbotene Aufklärungsliteratur von Voltaire, Rousseau u.a. verkauft.

Museu do Chiado (MNAC) 2

Malerei und Skulptur widmet sich das 1911 gegründete Museum, das auch als **Museu Nacional de Arte Contemporânea** (Museum für zeitgenössische Kunst) bekannt ist. Der architektonisch interessante Museumsbau musste nach dem verheerenden Brand im Chiado-Viertel (1988) neu errichtet werden, wobei alte Mauerteile einbezogen wurden. Für die Ausführung zeichnete 1994 der französische Stararchitekt Jean-Michel Wilmotte verantwortlich. Den größten Raum nehmen Wechselausstellungen mit Werken zeitgenössischer Künstler ein. Auf der Dachterrasse kann man sich in der Cafeteria mit Kaffee, Kuchen und anderen Snacks stärken (Rua Serpa Pinto 4, Tel. 213 432 148, www.museuartecontemporanea.pt, Di bis So 10–18 Uhr).

Teatro Nacional de São Carlos 3

Am Largo de São Carlos steht das gleichnamige Nationaltheater, ein Opernhaus von 1793, von Kaufleuten und Bankiers der Stadt finanziert. Die erstmals in Portugal verwendete klassizistische Form si-

Touren in Oberstadt und West-Side

Tour 7

Chiado und Bairro Alto

1 Igreja dos Mártires
2 Museu do Chiado (MNAC)
3 Teatro Nacional de São Carlos
4 Igreja da Encarnação
5 Igreja de Loreto
6 Igreja do Carmo
7 Igreja de São Roque

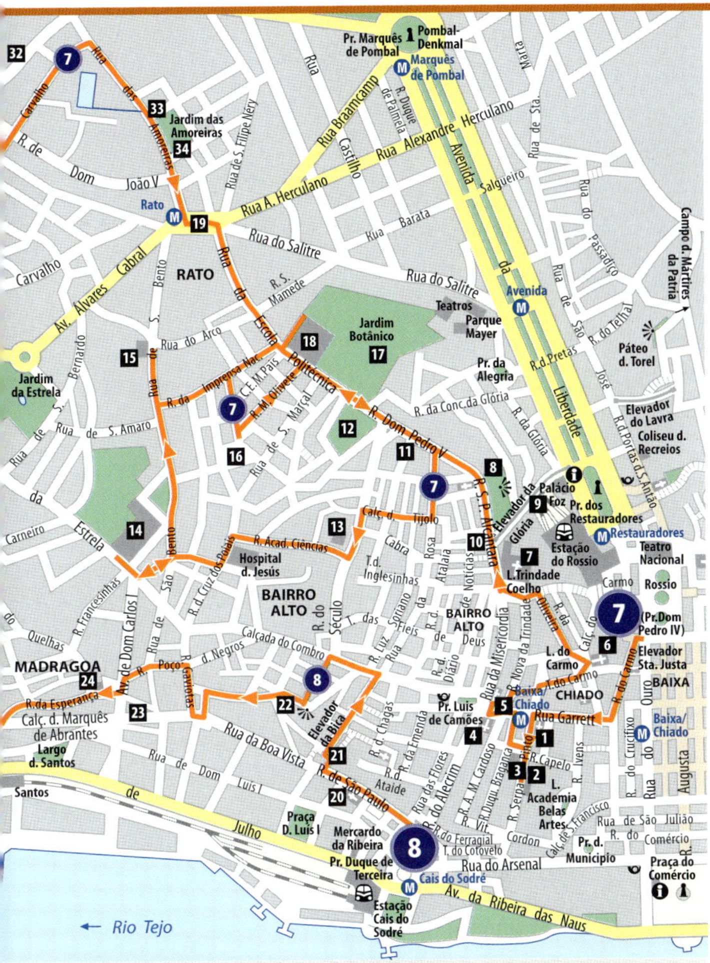

- **8** Miradouro São Pedro de Alcântara
- **9** Elevador da Glória
- **10** Palácio Ludovice
- **11** Pavilhão Chinês
- **12** Praça do Princípe Real
- **13** Palácio dos Carvalhos
- **14** Parlamento de São Bento
- **15** Casa Museu Amália Rodrigues
- **16** Praça das Flores
- **17** Jardim Botânico
- **18** Museu Nacional de História Natural e da Ciência
- **19** Largo do Rato

Tour 8

Westlich des Zentrums

- **20** Largo de São Paulo
- **21** Elevador da Bica
- **22** Miradouro de Santa Catarina
- **23** Conde Barão
- **24** Museu da Marioneta
- **25** Igreja Santos-a-Velha
- **26** Museu Nacional de Arte Antiga (MNAA)
- **27** Museu do Oriente
- **28** Igreja dos Marianos
- **29** Basílica da Estrela
- **30** Cemitério dos Prazeres
- **31** Casa Fernando Pessoa
- **32** Centro Comercial Amoreiras
- **33** Arpad Szenes – Vieira da Silvas
- **34** Mãe d'Água das Amoreiras

gnalisierte den Fortschrittsgeist des lokalen Bürgertums.

Largo do Chiado

Am kleinen Largo do Chiado stehen sich zwei Kirchen gegenüber: die **Igreja da Encarnação** **4** (ab 1784) mit stattlicher neobarocker Fassade und die von der italienischen Gemeinde im 16. Jh. errichtete **Igreja de Loreto** **5**, die eine auffällige Eingangstreppe hat. Die von hier aus geradewegs zum Tejo hinunterführende Rua do Alecrim, an der sich Antiquariate und Antiquitätenläden reihen, und die Rua da Misericórdia hangaufwärts zeichnen den Verlauf der ehemaligen Stadtmauer aus dem 14. Jh. nach.

Restaurants

Charcutaria ●●●

Die In-Adresse entstand aus einer kleinen Metzgerei *(charcutaria)* und wird für Fleischgerichte nach Alentejo-Art gerühmt.

- Rua do Alecrim 47
- Tel. 213 460 672
- www.restaurantecharcutaria.com
- Mo–Fr 12–1, Sa 19.30–1 Uhr

Erst-! klassig

Die **Cervejaria Trindade**, der bekannteste Bierkeller Lissabons, bewirtet in der Rua Nova da Trindade › **S. 27**. Er ist im Speisesaal eines beim Erdbeben von 1755 zerstörten Klosters untergebracht. Man genießt sein Bier unter dekorativen Wänden mit großformatigen allegorischen Azulejo-Bildern aus dem 19. Jh.

SEITENBLICK

Fernando Pessoa

Im Stadtteil Chiado, am Largo de São Carlos Nr. 4 gegenüber der Oper, wurde am 13. Juni 1888 Fernando Pessoa geboren. In Südafrika aufgewachsen, kehrte Pessoa als junger Mann 1905 nach Lissabon zurück und verließ die Stadt niemals mehr. Am Vormittag verdiente er als Handelskorrespondent in der Baixa seinen bescheidenen Lebensunterhalt, die übrige Zeit verbrachte er in seinen Stammcafés. Die Rua dos Douradores, wo er arbeitete, gestaltete er zu seinem Mikrokosmos: »Jawohl, diese Rua dos Douradores umfasst für mich den gesamten Sinn der Dinge, die Lösung aller Rätsel …« Als Dichter verbarg er sich hinter Namensmasken, die ihm schon sein eigener Name nahelegte, denn Pessoa heißt nicht nur Person, sondern auch Maske. Jede hatte ihre eigene Biografie, der Hilfsbuchhalter Soares wie Alexander Search, für den er sogar Visitenkarten drucken ließ. Der Einzelgänger zog innerhalb Lissabons nahezu zwei Dutzend Male um, meist wohnte er in möblierten Zimmern. Als wichtigstes Möbelstück begleitete ihn seine legendäre, mit Manuskripten gefüllte Truhe, in der man nach seinem Tod 28 000 Blätter fand. Gestorben ist Pessoa 1935 mit 47 Jahren an Leberzirrhose, ganz in seinem Sinne. Im »Buch der Unruhe« heißt es: »Wenn ein Mann gut schreibt, nur wenn er betrunken ist, so sage ich ihm, er soll sich betrinken. Und wenn er mir sagt, dass seine Leber darunter leidet, dann antworte ich: Was ist schon Ihre Leber? Ein totes Ding, das nur lebt, so lange Sie leben. Doch die Gedichte, die Sie schreiben, leben ohne ›so lange‹.«

Shopping

Armazéns do Chiado

Schicke Shoppinggalerie mit Buchhandlungen, Boutiquen und Restaurants.

- Ecke Rua Garrett/Rua do Carmo
- www.armazensdochiado.com

Largo do Carmo

Erst-! klassig

Wahrzeichen des Largo do Carmo sind sein beschwingter Brunnenpavillon (1796) und die gotische Kirchenruine des ehemaligen Karmeliterklosters, die ***Igreja do Carmo** 6. Mit ihrem Spitzbogenskelett ragt sie über den Abhang zur Unterstadt als letztes sichtbares Mahnmal des großen Erdbebens. Zugleich ist sie der einzige, wenn auch nur in Teilen erhaltene Bau der Gotik in Lissabon. An Sommerabenden finden in der Kirche stimmungsvolle Konzerte statt. Im Chor ist ein Archäologisches Museum eingerichtet (www.museuarqueologicodocarmo.pt, Mo–Sa 10–19 Uhr, So, Fei geschl.).

Das Kloster entstand 1389 in Erfüllung eines Gelübdes nach dem Sieg von Aljubarrota › **S. 42**. Auftraggeber war Nuno Álvares Pereira, der große Feldherr in der Entscheidungsschlacht gegen die Kastilier. Den Rest seines Lebens verbrachte er hinter den von ihm gestifteten Klostermauern.

Am **Largo Bordalo Pinheiro** ist die prächtige Azulejo-Fassade (um 1880) des Wohnhauses des bekannten Lissabonner Karikaturisten und Keramikkünstlers zu bewundern, der dem Platz seinen Namen gab. In der herrlichen Dekoration mit allegorischen Figuren versteckt sich Freimaurersymbolik, die auf die politische Gesinnung des Bauherrn verweist. In Freimaurerlogen versammelten sich im 19. Jh. die bürgerlichen Liberalen.

Malerische Ruine: Igreja do Carmo

Zwischenstopp: **Restaurant**

Casa Transmontana ●

Zum Rossio-Bahnhof führt vom Largo do Carmo die steile Calçada do Duque hinunter, eine Adresse für kleine und preiswerte Lokale wie die wegen ihrer bodenständigen, leckeren Hausmannskost bekannte Casa Transmontana.

- Calçada do Duque 39
- Tel. 213 420 300

*Igreja de São Roque 7

Als erste Jesuitenkirche Portugals wurde die Igreja de São Roque von König Sebastião gestiftet und während der spanischen Herrschaft

› Karte S. 82

Am Miradouro São Pedro de Alcântara

1596 dem hl. Rochus geweiht. Das unter Mitwirkung des italienischen Hofbaumeisters Felipe Terzi errichtete Gotteshaus überstand das große Erdbeben fast unbeschadet. Die flache Holzdecke im Inneren war eine Kostbarkeit, denn man musste die dafür erforderlichen langen Balken aus dem fernen Deutschland importieren.

1742 bestellte König João V., der für seine Verschwendungssucht bekannt war, in Rom die Ausstattung der Seitenkapelle São João Batista. Nur das teuerste Material durfte verwendet werden: Jade, Amethyst, Achate, Jaspis, Lapislazuli, Silber und Elfenbein. Blau-gelbe Azulejos mit Renaissancemotiven (16. Jh.) schmücken die Vorhalle und die dritte Seitenkapelle rechts, die 1584 dem hl. Rochus geweiht wurde. Sie gehören zu den ältesten aus Lissabonner Werkstätten (Largo Trindade Coelho, www.museu-saoroque.com, April–Sept. Mo 14–19, Di–So 10–19, Do bis 20 Uhr, sonst Di–So 10–18, Do 14–21 Uhr, Mo geschl.

Am *Miradouro São Pedro de Alcântara 8

Erst-! klassig

Ein eindrucksvoller Blick über die Stadt öffnet sich vom Miradouro São Pedro de Alcântara. Eine Azulejo-Tafel erklärt das Panorama. Von hier pendelt seit 1884 der **Elevador da Glória** 9 zur Avenida da Liberdade. Die schrägen Kabinenwände der Standseilbahn wurden der Hanglage angepasst.

An der Rua de São Pedro de Alcântara steht der **Palácio Ludovice** 10 (Nr. 45), den sich 1747 der deutsche Architekt Johann Friedrich Ludwig (1673–1753) als Wohnhaus baute. Ludwig, der zuvor in Italien gearbeitet hatte und sich seither Ludovice nannte, errichtete im Auftrag der portugiesischen Krone das Klosterschloss in Mafra › S. 136. Heute nennt sich der Pálacio Ludovice **Solar do Vinho do Porto** und beherbergt eine Probierstube des Instituts der Produzenten von Port- und Douroweinen. Besucher können unter rund 170 Sorten Port wählen, die im *cálice,* dem klassischen Portweinglas, serviert werden (Tel. 213 475 707, www.ivdp.pt, Mo–Fr 11–24, Sa 14–24 Uhr).

Shopping

Die **Straße der Antiquitätenhändler,** die Rua de Dom Pedro V, ist kein Revier für Schnäppchenjäger. Wer nach alten Azulejos kramt, wird sich über die Preise wundern. Die beste Auswahl bietet **Albuquerque & Sousa** (Nr. 68). Kostenlos sind der Schaufensterbummel und das Bewundern sehenswerter Interieurs, wie in der **Padaria São Roque,** einer Bäckerei der Belle Époque an der Ecke zur Rua da Rosa.

Nightlife

Erst-! klassig

Der **Pavilhão Chinês** 11 ist eine kuriose Bar mit Nostalgienippes in einem Prachtladen des Fin de Siècle. Das Lokal kann sogar mit einem Billardsaal aufwarten (Rua de Dom Pedro V. 89, Mo–Sa 18–2, So 21–2 Uhr).

Praça do Princípe Real 12

Auf der parkartigen Praça do Principe Real vertreiben sich unter dem gigantischen Schirm einer Goa-Zeder mit 25 m Durchmesser alte Herren beim Kartenspielen die Zeit. Im Gartenlokal lässt es sich angenehm entspannen. Die Praça umstehen noble Häuser aus der Mitte des 19. Jhs., darunter eine neoarabische Architekturfantasie mit Kuppeln und Zierzinnen. Park und Platz entstanden einst als Wohnquartier für den neuen Geldadel, der sich nach der Liberalisierung des Landes entwickelt hatte.

**Bairro Alto

6

Über die Rua da Rosa geht es in das vielgesichtige Viertel hinein, eines der ältesten Lissabons. Die schmalen Straßen laufen ziemlich parallel den Hang hinunter, ein Hinweis darauf, dass es sich beim Bairro Alto um die erste planvolle Stadterweiterung (1513) handelt. Im Zeitalter der Entdeckungen strömten die Menschen aus allen Landesteilen in die Hauptstadt. Während der Regierungszeit von König Manuel I. (1495–1521) verdoppelte sich die Stadtbevölkerung. Das Gelände, das für den Bairro Alto parzelliert wurde, stammte aus dem Besitz des jüdischen Finanziers mehrerer Übersee-Expeditionen, Guedelha Palaçano, dessen Witwe nach Beginn der Judenvertreibung 1496 zum Verkauf gezwungen wurde. In dem neuen Stadtteil herrschte schon bald geschäftiges Treiben. Neben Wohnhäusern und Werkstätten für Handwerker etablierten sich Tavernen und Bordelle.

Heute geht es nachts etwas gesitteter, aber nicht weniger lebhaft zu. Fast 300 Lokale besitzt das Bairro Alto, von einfachen *tascas* über gutbürgerliche Gasthäuser bis zu Szenerestaurants, Bars, Fado-Lokalen und Diskos. Untertags spielt sich vor und hinter den blätternden Fas-

› Karte S. 82

Das Bairro Alto wandelt sich am Abend in ein quirliges Ausgehviertel

saden das Leben der Bewohner ab. Es gibt kleine Läden für den Alltagsbedarf, Werkstätten, Druckereien, ebenso Geschäfte für Antiquitäten, Zeitgeistiges und Modedesign.

Dicht an dicht liegen die Restaurants und Kneipen im Umkreis der Rua da Atalaia und der Rua Diário de Notícias. Vor den beliebtesten bilden sich abends Warteschlangen.

Fallen Sie nicht auf überteuerte Fado-Angebote herein, mit denen Schlepper auf der Straße Gäste anlocken wollen!

Die **Rua Diário de Notícias** trägt den Namen der hier gegründeten, bis heute bedeutendsten Tageszeitung Portugals. Auch die **Rua do Século** erinnert daran, dass das Bairro Alto Lissabons ältestes Zeitungsviertel war. Bemerkenswert ist die Fassade des ehemaligen Verlagshauses der nicht mehr existierenden Zeitung **O Século** von 1913 (Rua do Século 63).

Die Rua do Século durchzieht den tiefer gelegenen noblen Teil des Bairro Alto. Umgeben von Palästen liegt hier die etwas heruntergekommene Familienresidenz des Markgrafen Pombal, der **Palácio dos Carvalhos** 13. Der königliche Minister hieß übrigens ursprünglich Sebastião José de Carvalho e Melo. Die Straßeneinbuchtung mit dem Wandbrunnen aus dem 18. Jh. gegenüber diente zum Wenden der Pferdekutschen.

Eine hübsche, stille Straße ist die Rua da Academia das Ciências, die an der Seitenfront des Palácio dos Carvalhos entlangführt. Der von einem Pavillon bekrönte Bogen, der seit dem 18. Jh. die Straße überwölbt, führte in die Gärten des Palastes.

Zwischenstopp: **Restaurant**

Storik ●–●●
Variationen vom Flammkuchen, für Lissabon ein exotischer Genuss. Minimalistische Einrichtung.

- Rua do Alecrim 30
- Tel. 216 040 375
- www.storik.pt
- Mo 12–15, Di–Fr 12–15, 19–24, Sa, So 13–1 Uhr

Shopping

Galeria Ratton
Fliesen nach Entwürfen moderner Künstler werden in den ehemaligen Pferdeställen des Palácio dos Carvalhos verkauft.

- Rua da Academia das Ciências 2-C
- Tel. 213 460 948
- www.galeriaratton.blogspot.com
- Mo–Fr 15–19.30 Uhr

São Bento

Über die Travessa da Arrochela geht es hinunter nach São Bento. Hier durchquert man ein Ensemble sanierter volkstümlicher Häuser aus dem 16. bis 18. Jh., zwischen denen enge Gassen und Treppensteige verlaufen. Früher musste sich dieser Gebäudekomplex zwischen zwei große Klosteranlagen der Franziskaner und Benediktiner zwängen. An Stelle des Convento de São Bento (Benediktinerkonvent) thront heute das **Parlamento de São Bento** **14**. Das Kloster wurde schon im Jahr seiner Auflösung 1834 zur ersten Abgeordnetenkammer der liberalen Monarchie umfunktioniert. Nach einem Brand 1895 entschloss man sich zum vollständigen Neubau des Parlamentsgebäudes, der 1933 abgeschlossen war. Rückseitig in der großen Parkanlage befindet sich der offizielle Wohnsitz des portugiesischen Premierministers im ehemaligen Palácio Sotto Mayor.

Die verkehrsreiche Rua de São Bento wurde nach dem Erdbeben im Zuge der Stadtentwicklung nach Westen angelegt. Die Häuser entstammen dem 18. Jh., velen ist anzusehen, dass sie unter Minister Pombal entworfen wurden › S. 77. Der attraktivste Abschnitt mit netten Restaurants und Kneipen verläuft gegenüber dem Parlament.

Nicht weit vom Parlament lebte die Fado-Königin des 20. Jhs.: Amália Rodrigues (1920–1999). Ihr Haus wird inzwischen von einer Stiftung verwaltet und kann als **Casa Museu Amália Rodrigues** **15** im Rahmen von mehrsprachigen Führungen (Portugiesisch, Englisch und Französisch) besichtigt werden. Ehrenbezeugungen von Fans füllen heute die Privatgemächer der Sängerin (Rua de São Bento 193, Tel. 213 971 896, www.amaliarodrigues.pt, Di–So 10–13, 14–18 Uhr, 20-minütige Führungen).

Praça das Flores 16

Aufgeräumt wirkt die Praça das Flores: eine schattige Idylle mit Cafés, Brunnen und Bäumen. Hier sind renommierte Restaurants der oberen Preisklasse zu finden.

Erst-! klassig

Zwischenstopp: **Restaurant**

Comida de Santo ●●

Eines der besten brasilianischen Restaurants der Stadt

- Calçada Engenheiro Miguel Pais 39
- Tel. 213 963 339

Blick auf das Parlamentsgebäude

Grüne Oase mit exotischer Flora: der Botanische Garten

- www.comidadesanto.pt
- Mi–Mo 12.30–15.30, 19.30–1 Uhr

Shopping

Galeria Praça das Flores

Zeitgenössische Kunst sowie Dekorationsgegenstände von Künstlerhand.

- Praça das Flores 48-A
- Di–Sa 13–20 Uhr

*Jardim Botânico 17

Zu einer Verschnaufpause lädt die exotische Oase des Jardim Botânico ein. Der am Hang gelegene Park mit stillen Wegen und kleinen Teichen wurde 1840 als Lehrgarten für Botaniker und Agronomen geschaffen. Erst-! klassig Beeindruckend sind die Palmenallee mit 35 Arten sowie gewaltige Drachenbäume, aus Indien stammende Banyans (eine riesige Feigenart) und ein 30 m hoher, am Stamm mit Stacheln besetzter Brasilianischer Kapokbaum (Rua da Escola Politécnica 56, www.mnhn.ul.pt, tgl. 9–18 Uhr, im Sommer bis 20 Uhr).

Die **Escola Politécnica** neben dem Botanischen Garten geht auf ein Jesuitenkolleg zurück, das Minister Pombal 1759 auflöste, um daraus eine weltliche Schule für den männlichen Nachwuchs des Adels zu machen. Sehenswert ist die naturkundliche und naturwissenschaftliche Sammlung des Polytechnikums, das 1837 nach der liberalen Revolution das aristokratische Institut ersetzte.

Der Öffentlichkeit zugänglich ist diese heute als **Museu Nacional de História Natural e da Ciência 18** mit einer geologisch-mineralogischen (Museu Mineralógico e Geológico) und einer zoologisch-anthropologischen Abteilung (Museu Bocage) (Rua da Escola Politécnica 56, Tel. 213 921 800, www.mnhn.ul.pt, Di bis Fr 10–17, Sa, So 11–18 Uhr).

Largo do Rato 19

Auf dem Weg zum Largo do Rato hinunter ebenso wie in der anderen Richtung zur Praça do Príncipe Real › S. 87 hin säumen schöne historische Fassaden die Rua da Escola Politécnica. Angrenzend an den barocken **Palácio Seia** (Hausnr. 147) ist die Druckerei **Imprensa Nacional** eine Gründung aus pombalinischer Zeit. Auch eine Seidenfabrik wurde hier unter Pombal eingerichtet. Die **Cervejaria Real Fábrica** lädt in einem der ehemaligen Fabrikgebäude zur Rast › S. 27.

Der Largo do Rato selbst ist Schnittpunkt von neun Straßen, die in unregelmäßiger Sternform auf ihn zustreben. Hier stand einst die berühmteste Manufaktur der Pombal-Ära, die Fábrica de Louça do Rato. Aus dieser staatlichen Keramikfabrik stammen u.a. die zartfarbigen Rokokofliesen im Park von Queluz › S. 135.

Der Rato wird vom großen Block eines ehemaligen Adelspalasts im Norden beherrscht, heute Sitz der Sozialistischen Partei PS. Das imponierendste Gebäude ist aber der **Convento do Rato**, das ehemalige Kloster der Trinitariernonnen (1721) auf der Westseite, nach dem der Platz benannt ist. Es ging 1874 in Staatsbesitz über.

Die Südseite des Platzes schmücken die Art-déco-Fassade der Papelaria Fernandes und die Jugendstilfassade (Eingang) der Pastelaria Mil e Oitocentos (»1800«). Den Wandbrunnen an der Platzecke, **Chafariz do Rato** (1794), entwarf der Baixa-Architekt Carlos Mardel.

Tour 8 Westlich des Zentrums

Tour-Übersicht:

Verlauf: **Cais do Sodré › São Paulo › Museu Nacional de Arte Antiga › Cemitério dos Prazeres › Amoreiras › Largo do Rato**

Dauer: ca. 5 Std.

Praktische Hinweise:

- Am Cais do Sodré halten Bahnen und die Metro.
- Zurück geht es von der Station Ⓜ Rato.
- Wer vom vielen Auf und Ab in Lissabon müde Füße hat, kann den Eléctrico Nr. 25 nehmen, um in den Westteil der Innenstadt zu gelangen. Von der Praça do Comércio mit Zusteigemöglichkeit oberhalb des Cais do Sodré fährt die Bahn zur Basílica da Estrela und zum Cemitério dos Prazeres, allerdings nicht am Wochenende. Die Alternative ist dann die Straßenbahnlinie 28 ab Praça da Conceição.
- Unterwegs lohnen sich immer wieder Abstecher zu Fuß, um charakteristische Ecken wie das vornehme Viertel Lapa und das volktümliche Madragoa kennenzulernen oder das Museu Nacional de Arte Antiga zu besuchen.
- Vom Friedhof gelangt man mit dem Eléctrico Nr. 28 zurück ins Zentrum oder setzt die Rundfahrt mit dem Bus Nr. 774 fort, über das Shoppingparadies Centro Comercial Amoreiras (evtl. Einkaufsstopp) hinunter zum Largo do Rato.

› Karte S. 82

Tour-Start: São Paulo

Die Tram Nr. 25 fährt zunächst durch die Rua de São Paulo, die alte Verbindungsstraße in den Westen der Stadt. Der Uferbereich mit Bahnlinie und der Avenida 24 de Julho wurde erst Ende des 19. Jhs. aufgeschüttet. Der **Largo de São Paulo** 20 mit der gleichnamigen Kirche bezeichnet ein Geviert der Pombalzeit mit Brunnen und Pflasterornamentik.

»Sankt Pauli« ist auch in Lissabon eine Gegend zwielichtiger Hafenkneipen. Vor 200 Jahren zählte man nicht weniger als 87 Tavernen. In den letzten Jahren haben sich hier auch einige Szenebars etabliert und die Rotlichtkneipen verdrängt.

Bica

Ein Torbogen auf der rechten Seite der Rua de São Paulo führt zur Talstation des ***Elevador da Bica** 21 von 1892. Die Standseilbahn fährt durch das steil am Hang gelegene Stadtviertel Bica, an Häusern entlang, die teilweise noch aus dem 17. Jh. stammen. Die Bica wurde nach dem schweren Erdbeben von 1531 als Wohngebiet für Seeleute und Fischer angelegt. Sie ist ein unverfälschtes Lissabonner Volksquartier mit einfachen Lokalen in der Rua da Bica und der Querstraße Rua Marechal Sequeira.

Erst-! klassig

*Miradouro de Santa Catarina 22

Oben führt die Rua de Santa Catarina zum gleichnamigen Miradouro, von dessen Terrassencafé man den Fluss und vorbeiziehende Schiffe sieht. »Vê passar navios« – »der schaut den Schiffen nach« – sagt man in Lissabon von jemandem, der versunken vor sich hinträumt. Auf der Aussichtsterrasse steht der steinerne Koloss des sagenhaften Riesen Adamastor, welcher laut Camões die Seefahrer am Kap der Guten Hoffnung bedrohte. Auch der angrenzende Alto de Santa Catarina ist ein charakteristisches altes Wohnquartier.

Conde Barão 23

Über die Rua de Santa Catarina/Rua Fernando Tomás gelangt man hinunter zum Largo do Conde Barão und zur Straßenbahn. Die Gegend war im 19. Jh. ein Industriegebiet. Aus dieser Epoche stammt die **Fábrica Vulcano e Colares** (Largo do Conde Barão 13–14), die jetzt als Industriedenkmal unter Schutz steht. Der Name der Rua do Poço dos Negros (»Negerbrunnen«), durch die der Eléctrico Nr. 28 ächzt, erinnert an die schwarzen Sklaven, die hier einst wohnten. Heute sind es vorwiegend Einwanderer von den Kapverden, die in dem dringend sanierungsbedürftigen Quartier leben.

Zwischenstopp: **Restaurants**

Cantinho da Paz ●●

Indisch-afrikanische Küche; regelmäßig auch Livemusik.

- Rua da Paz 4
- Tel. 213 969 698

Merca Tudo ●●

Eine Tasca mit Atmosphäre, die sich zum Restaurant mit Küchen verschiedener Länder gemausert hat.

Beliebter Treff und Aussichtspunkt: der Miradouro de Santa Catarina

- Rua do Merca-Tudo 4
- Tel. 213 969 368
- Mo–Sa 20–2 Uhr

Madragoa

Der Eléctrico Nr. 25 quert die Avenida Dom Carlos I, die Ende des 19. Jhs. als Verbindungsstraße zwischen Tejo und dem Parlament São Bento › **S. 89** eröffnet wurde, und zuckelt hinunter zum Largo dos Santos, der an die Uferstraße grenzt. Die Avenidas Dom Carlos I und Santos fassen Madragoa ein, eines der echten alten Volksviertel. Man kann es beispielsweise durch die Rua da Esperança betreten. Sie beginnt an der Avenida Dom Carlos I bei dem spätbarocken Wandbrunnen, der mit dem dahinter liegenden Haus eine kunstvolle Fassadenwand bildet.

Die Gassen von Madragoa waren die Heimat der *varinas*, der Fischverkäuferinnen, die auch noch in den 1970er-Jahren zum vertrauten Stadtbild gehörten. Sie liefen allmorgendlich unter geräuschvollem Anpreisen ihrer Ware, die sie in Körben auf dem Kopf balancierten, vom Hafen in die Stadt.

Viele Straßen von Madragoa erinnern an Klöster, die sich hier befanden: Esperança, Trinas, Isabéis, das Madres. Auch der Name des Stadtteils leitet sich wohl vom Kloster der »Madres de Goa« her.

Im ehemaligen Convento das Bernardas (Bernhardinerinnenkloster) aus dem 17. Jh. hat das **Museu da Marioneta** **24** schöne Räume gefunden. Es gibt einen weltweiten Überblick über das Marionettentheater unter besonderer Berücksichtigung Portugals (Rua da Esperança 146, Tel. 213 942 810, www.museudamarioneta.pt, Di–So 10 bis 13, 14–18 Uhr).

Die rosafarbene **Igreja Santos-a-Velha** **25** ist drei römischen Märtyrern gewidmet, die hier 307 den Tod fanden. An der Stelle des dazugehörigen Klosters steht heute der Palácio dos Marqueses de Abrantes, in dem die Französische Botschaft residiert.

Restaurants

In Madragoa gibt es einige gute Restaurants, die auch die Abgeordneten des nahen Parlaments zu schätzen wissen.

Clube de Jornalistas ●●
2010 komplett renoviert, bietet das Restaurant des Journalistenvereins jetzt ein ganz besonderes Ambiente. Serviert wird Autorenküche mit brasilianischem Einschlag von Iván Águilar Fernándes.

Der mehrteilige Vinzenz-Altar aus dem 15. Jh. im Nationalmuseum

Die romantische Esplanada zählt zu den schönsten der Stadt. Reservierung wird empfohlen.

- Rua das Trinas 129
- Tel. 213 977 138
- Mo–Sa 12.30–15, 19.30–23 Uhr

Erst-klassi

Varina da Madragoa ●●
Das kleine, eher einfache Restaurant erlangte Berühmtheit durch den Literatur-Nobelpreisträger José Saramago, der hier regelmäßig zu speisen pflegte. Spezialität ist Stockfisch *(bacalhau)*, der in unzähligen Varianten auf den Tisch kommt.

- Rua das Madres 34–36
- Tel. 213 965 533
- Sa mittags und So geschl.

**Museu Nacional de Arte Antiga 26 (MNAA)

7

In der Rua das Janelas Verdes gibt das Museu Nacional de Arte Antiga (Nationalmuseum der Alten Kunst) einen Überblick über die Tafelmalerei der Entdeckungsfahrerzeit (15./16. Jh.): flämisch beeinflusste Altartafeln von Meistern wie Frey Carlos, Vasco Fernandez (»Grão Vasco«) und Gregorio Lopes.

Das überragende Werk dieser Epoche wird dem Hofmaler von Afonso V., Nuno Gonçalves, zugeschrieben: die Tafelbilder des **Vinzenz-Altars** aus der Kirche São Vicente de Fora. Wahrscheinlich wurde das sechsteilige Altarbild zwischen 1470 und 1480 ursprünglich für die Kathedrale gemalt. Die monumentalen Figuren stellen Mitglieder der königlichen Familie sowie geistliche und weltliche Würdenträger auffällig realistisch dar.

Bei dem schlanken Mann mit dem Krempenhut zur Rechten des hl. Vinzenz soll es sich um Heinrich den Seefahrer handeln. Ein weiterer Höhepunkt ist das Triptychon mit der **Versuchung des hl. Antonius** von Hieronymus Bosch (um 1500).

Außergewöhnlich sind ferner die um 1600 entstandenen japanischen Namban-Wandschirme. Die portugiesischen Kaufleute sind darauf als Exoten aus einer fremden Welt dargestellt. *Namban-jin,* »Barbaren aus dem Süden«, nannten die Japaner die Portugiesen, die 1543 als erste Besucher aus dem fernen Westen mit dem Inselreich in Berührung kamen und als einzige Ausländer dort eine Handels- und Missionsstation errichteten.

Die zahlreichen Stücke überreich dekorierten barocken Tafelsilbers stammen aus königlichem Besitz, gefertigt in Paris. Das indoportugiesische Mobiliar in bizarren Mischstilen wurde in Goa eigens für den Export nach Portugal hergestellt (Rua das Janelas Verdes, Tel. 213 912 800, www.museudearteantiga.pt, Di 14–18, Mi–So 10–18 Uhr, Mo geschl.)

Erst-! klassig Zum Museum gehört ein hübscher Garten mit Tejo-Blick und Terrassenlokal (Di 14–17.30, Mi–So 10–17.30 Uhr).

Zwischenstopp: Restaurant

Picanha ●●●

Das sympathische kleine Lokal lädt zu einer kulinarischen Reise durch Brasilien ein.

- Rua das Janelas Verdes 96
- Tel. 214 975 401

*Museu do Oriente 27

Lohnend ist ein Abstecher zum 2008 eröffneten Orientmuseum. Es ist in einem typischen Hafengebäude von 1939 am Doca de Alcântara untergebracht, in dem früher Fisch gehandelt wurde. Exotische Exponate dokumentieren auf sechs Stockwerken in Dauer- und in Wechselausstellungen die portugiesische Präsenz in Asien in den vergangenen Jahrhunderten und die kulturelle Wechselwirkung mit Ländern wie Indien, Sri Lanka oder Japan. Das Museum schlägt eine Brücke zwischen Geschichte, Anthropologie und Kunst. Unter den künstlerischen Exponaten ragt die Sammlung von Gemälden »orientalischer« Meister, vorwiegend aus Goa, heraus. Ein Restaurant und ein Café sorgen für das leibliche Wohl der Besucher (Avenida Brasília, Tel. 213 585 200, www.museudooriente.pt, Di–So 10–18, Fr bis 22 Uhr, Mo geschl.).

Lapa

Anschließend kann man gegenüber vom Museu Nacional de Arte Antiga am schönen Ensemble aus Wandbrunnen (1775), Treppenanlage und der Fassade der **Igreja dos Marianos 28** (Marianerkirche) vorbei den Hang zum Stadtviertel Lapa hinaufsteigen. Vor dem Erdbeben von 1755 hieß der Hügel zwischen Madragoa und Lapa noch Mocambo und war ein Wohnviertel der schwarzen Sklaven, von denen es so viele gab, dass ein Besucher meinte, er habe in Lissabon mehr Schwarze als Weiße gesehen. Nach dem Erdbeben entdeckte die britische Kolonie den Hügel als schöne Wohngegend mit Tejo-Blick. Portugiesischer Adel und Großbürgertum folgten. Seither ist Lapa eine feine Gegend mit immer noch großzügigen Gartenpalästen, in denen sich etliche ausländische Botschaften niedergelassen haben.

Weiter streift man durch die Rua do Sacramento á Lapa zur Rua de São Domingos á Lapa, wo man wieder auf die Gleise des Eléctrico stößt und durch die Rua Buenos Aires nach Estrela hinauffahren kann. Diese war früher die Straße mit der schönsten Aussicht. Hier wohnte auch der englische Romantiker Lord Byron (1788–1824) in einer britischen Pension, bis er aus der ungeliebten Stadt in die grünen Berge von Sintra floh.

Die Basílica da Estrela, geweiht 1789, erstrahlt in marmornem Weiß

*Basílica da Estrela 29

Bis zu den geschweiften Hauben hinauf besteht die doppeltürmige Kirche mit der schlanken, hohen Kuppel ganz aus dem weißem Kalkstein aus Alcântara, dem vornehmsten Baumaterial Lissabons. Sie wurde von Königin Maria I., der Wahnsinnigen, als Votivkirche zur Geburt des Thronfolgers 1760 gestiftet. Sie ist die letzte bauliche Demonstration des Ancien Régime in Lissabon, geweiht 1789, im Jahr der Französischen Revolution. Der Thronfolger war ein Jahr zuvor mit 27 Jahren an Pocken gestorben.

Erst-klassig

Die Königin, die bei ihrem Regierungsantritt 1777 den Reformer Pombal entmachtet und Adel sowie Klerus seine privilegierten Machtpositionen zurückgegeben hatte, zweigte für die Kirche Gelder ab, die eigentlich für den Wiederaufbau Lissabons gedacht waren. Dieser war damals erst zur Hälfte realisiert. Zur selben Zeit beklagten Besucher den Schmutz in den Straßen und das Heer der Armen.

Die Basílica da Estrela steht stilistisch in der Nachfolge der Klosterkirche von Mafra › S. 136. Baumeister waren Mateus Vicente und Reinaldo Manuel, Schüler des Mafra-Baumeisters Ludovice. Der Außenbau strahlt eine frühklassizistische Kühle aus. Der Innenraum aus taubengrauem und rosafarbenem Marmor ist ein klassischer Tonnensaal mit Seitenkapellen,

Querschiff und Kuppel über der Vierung. Dort ruht Maria I. in einem schwarzen Marmorsarkophag. Von der Kuppel *(zimbório)* aus hat man einen schönen Rundblick.

Gegenüber liegt der Eingang in den **Jardim da Estrela,** angelegt als exklusive Promenade für höhere Stände, heute ein Volksgarten mit Teichen, Statuen und Cafeterias unter Baumriesen aus Afrika, Indien und Brasilien. Der Musikpavillon (1850) wurde nach dem Abriss des Passeio Público › **S. 104** in den Park versetzt.

*Cemitério dos Prazeres 30

Die Eléctricos 25 und 28 rattern von der Basílica da Estrela zur Endhaltestelle Prazeres am gleichnamigen Friedhof, vorbei an der Kirche Santo Condestável (1951), einer Art Gotik-Revival mit Glasfenstern von José Almada Negreiros, dem Vorzeigekünstler der Salazarzeit. Der 11 ha große Westfriedhof von Lissabon, ab 1834 angelegt, ist eine Sehenswürdigkeit. Steinerne Grabhäuser zwischen hohen Zypressen bilden eine weiße Miniaturstadt. Die stille Atmosphäre des Friedhofs hoch über der Stadt mit weitem Panoramablick hat etwas Unwirkliches. Ein Teil der alten Grabstätten sind verwittert und gibt Einblicke auf die Särge frei. Anfang des 19. Jhs. befand sich hier ein beliebter Ausflugsort der Stadtbewohner, die auch noch nach Einrichtung des Friedhofs fröhlich picknickten, bis die Behörden sie vertrieben (Mai bis Sept. 9–18, sonst bis 17 Uhr).

Einer Miniaturstadt gleicht der Cemitério dos Prazeres

Campo de Ourique

Zwischen der Rua Saraiva de Carvalho, die zum Cemitério dos Prazeres führt, und der baumbestandenen Rua Ferreira Borges erstreckt sich das Schachbrett von Campo de Ourique, einem der lebendigsten bürgerlichen Wohnviertel der Innenstadt, das Ende des 19. Jhs. entstand. Dort wohnen bevorzugt Maler, Schriftsteller, Musiker und Journalisten. Es gibt schöne Geschäfte und auch eine Markthalle. Das grüne Herz des Quartiers ist der **Jardim de Campo de Ourique.**

Die **Casa Fernando Pessoa** 31, wo der Dichter vor seinem Tod am 30. November 1935 lebte, ist heute Literaturhaus mit Bibliothek, Galerie und hübschem Restaurant. Pessoas

Wohnräume sind zu besichtigen (Rua Coelho da Rocha 16, http://casafernandopessoa.cm-lisboa.pt, Mo–Sa 10–18 Uhr).

An der Ecke Rua Ferreira Borges/Saraiva de Carvalho ist die Konditorei A Tentadora eine Institution. Das Café mit schöner Jugendstilfassade dient als traditioneller Treffpunkt des Quartiers.

Erst-! klassig

Zwischenstopp: Restaurant

Cervejaria Bota Velha ●●

Hier wird bis spät in die Nacht hinein gegessen, getrunken und debattiert.

- Rua Domingos Sequeira 34–38
- Tel. 213 904 447
- Nur abends, Mo–Sa bis 2 Uhr

Shopping

Panificação Mecânica

Nicht nur mit Brot, Kuchen und feinem Kaffee lockt die Bäckerei/Konditorei, sondern auch mit Jugendstil-Azulejos von Rafael Bordalo Pinheiro › S. 85.

Erst-! klassig

- Rua Silva Carvalho 209

Amoreiras

Weiter geht es mit dem Bus Nr. 774 durch die Rua do Campo de Ourique. Über die Rua Dom João V. nähert man sich dem **Centro Comercial Amoreiras** 32, dessen 1983 im Stil der Postmoderne errichteten Türme ein Wahrzeichen des neuen Lissabon sind, auch wenn Hans Magnus Enzensberger den Architekten Tomás Taveira einen »terroristischen Kindergartenonkel« nannte, »der hier seine Bauklötzchen aufeinander türmt«. In den Passagen des Konsumparadieses mit Hunderten von Läden, Restaurants und einem Dutzend Kinosälen verbringen viele Lissabonner ganze Wochenenden (www.amoreiras.com, tgl. 10–23 Uhr).

Weiter fährt der Bus auf der Rua das Amoreiras durch einen monumentalen Torbogen zum **Jardim das Amoreiras**. Maulbeerbäume *(amoreiras)* wurden hier im 18. Jh. als Futterpflanzen für Seidenraupen kultiviert, denn 1759 entstand anlässlich des Reformprogramms von Minister Pombal ein erstes Industrieviertel u.a. mit Manufakturen zur Seidenherstellung.

In einem pombalinischen Gebäude, das zur **Fábrica das Sedas** (Seidenfabrik) gehörte, befindet sich an der Rückseite des Parks seit 1994 die Museumsstiftung **Arpad Szenes – Vieira da Silva** 33, die der Malerei der bekanntesten modernen Künstlerin Portugals und ihres Mannes gewidmet ist › S. 52 (www.fasvs.pt, Mi–So 10–18 Uhr, Mo, Di, Fei geschl.).

Schon in der Nähe des **Largo do Rato** › S. 91, wo die Tour endet, ist ein dominierendes Gebäude der Steinkubus der **Mãe d'Água das Amoreiras** 34, des Wasserschlosses der Águas Livres. In dieses münden die letzten Bögen der großen Wasserleitung › S. 99. 1880 wurde mit dem Wasserpumpwerk Barbadinhos im Osten der Stadt – heute Museu da Água – zum ersten Mal Wasser direkt in die Häuser geleitet. Das Reservoir ist heute Denkmal der Industriegeschichte und kann bei Kunstausstellungen und im Rahmen von Führungen auch von innen besichtigt werden › S. 121.

SPECIAL

Águas Livres

Die Wasserleitung, die 1732 aus dem 20 km entfernten Belas nach Lissabon geführt wurde, stellte die technische Meisterleistung des 18. Jhs. dar. Sie beendete den damals chronischen Wassermangel der Stadt. Konstruiert hatte man eine reine Gefälleleitung in antikrömischer Tradition. Ihr Wahrzeichen ist der große ***Aqueduto de Águas Livres,** der das Alcântara-Tal vom Alto do Monsanto › **S. 125** bis zur Innenstadt auf einer Länge von 941 m überbrückt. Das Bauwerk mit 21 Rund- und 14 Spitzbögen, deren größter 65 m hoch und 24 m breit ist, wurde erst wenige Jahre vor dem großen Erdbeben von 1755 fertiggestellt. Wie durch ein Wunder überstand der Aquädukt die Katastrophe fast unbeschadet.

Bezahlt wurde die Wasserleitung nicht aus der königlichen Schatulle wie der Klosterpalast in Mafra, die königliche Sommerresidenz in Queluz oder das Dekor diverser Kirchen. Man finanzierte sie mit einer auf Wein, Fleisch und Olivenöl erhobenen Lebensmittelsteuer.

Die Endpunkte der Águas Livres bildeten öffentliche Brunnen, von denen das köstliche Nass durch Wasserträger in die Privathaushalte geliefert wurde. Die *agueiros,* die meist aus Galicien stammten und Baskenmützen und Cordhosen trugen, waren charakteristisch für das Straßenbild wie viele andere Vertreter ambulanter Gewerbe: Zeitungsjungen, Schirmflicker, Katzenkastrierer u.a. Die Schuhputzer und Losverkäufer gibt es immer noch.

Avenidas

Das Beste!

- Von einem der Straßencafés an der Avenida da Liberdade das bunte Treiben beobachten › S. 104
- Die vornehme Stille im Jardim do Torel auf sich wirken lassen › S. 104
- Den großartigen Blick vom Aussichtspunkt oberhalb des Parque Eduardo VII. hinunter zum Tejo genießen › S. 106
- Sich in den schicken Einkaufszentren der Avenidas Novas unter die Schönen und Reichen Lissabons mischen › S. 109

Jugendstil-Flanierallee Avenida da Liberdade und Kunst im Gulbenkian-Museum. Für Architekturfans die Avenidas Novas zwischen Historismus und Postmoderne.

Mit der nach Norden führenden Avenida da Liberdadc, einer fast 1,3 km langen und 90 m breiten Prachtmeile, sprengte Lissabon Ende des 19. Jhs. seine Grenzen. Obwohl in den vergangenen Jahren unzählige Bürgerhäuser aus dieser Zeit abgerissen wurden, um gesichtslosen Büroklötzen Platz zu machen, ist die Allee immer noch der repräsentativste Boulevard der Stadt. Ihre optische Fortsetzung ist die Grünanlage des Parque Eduardo VII. mit exotischen Gewächshäusern und einem grandiosen Blick hinunter zum Tejo. Von hier ist es nicht weit bis zum größten und schönsten Kunstmuseum der Stadt, der Sammlung des Ölmagnaten Calouste Gulbenkian.

Bei der Tour entlang der Avenidas Novas können sich Architekturinteressierte von der Stadtentwicklung und dem Stilmix des 20. Jhs. zwischen Historismus und Postmoderne ein Bild machen.

Touren entlang der Avenidas

Tour 9 Avenida da Liberdade

Tour-Übersicht:

Verlauf: **Praça dos Restauradores › Rua das Portas de Santo Antão › Campo dos Mártires da Pátria › Parque Mayer › Parque Eduardo VII. › Museu Calouste Gulbenkian**

Dauer: 4–5 Std.

Praktische Hinweise:

- Die Anfahrt erfolgt per Bahn (Estação do Rossio) oder bis Ⓜ Restauradores.
- Zurück geht es ab Ⓜ São Sebastião.

Tour-Start: Praça dos Restauradores

An der Praça dos Restauradores befindet sich die 1887 als Zentralbahnhof der Stadt errichtete **Estação do Rossio** **1** mit ihrer bombastischen neomanuelinischen Fassade. Erst-! klassig Vom selben Architekten entworfen wurde – trotz des völlig unterschiedlichen Stils – das luxuriöse Bahnhofshotel nebenan, das **Avenida Palace** von 1892 › **S. 23**. Die beiden Repräsentativbauten gehörten zu den ersten, die Weltstadtflair in die Stadt brachten. Als Thomas Mann im Avenida Palace wohnte, blickte

Parque Eduardo VII. mit Blick auf die Statue des Marquês de Pombal er noch auf Grün. Damals stand der Obelisk, der die heute kahle Praça dos Restauradores ziert, in einer Anlage mit Baumreihen und breiten Blumenrabatten. Er feiert die Restauration des portugiesischen Königreichs nach 60 Jahren spanischer Fremdherrschaft (1580–1640).

Rua das Portas de Santo Antão

Ein Haupttor in der ehemaligen Stadtmauer ist Taufpate der Straße, die heute eine lebhafte »Fressgasse« und Fußgängerzone ist. Auf jeden Fall lohnt ein Blick in die ***Casa do Alentejo** 2**, das Haus der alentejanischen Landsmannschaft, mit seinem schönen neomaurischen Innenhof. Unter den großflächigen

Erst-! klassig

Beliebter Treffpunkt: die Casa do Alentejo

Azulejo-Bildern wird man dort in mehreren Speisesälen zünftig bewirtet › **S. 27**.

Als Zirkus entstand 1888 das **Coliseu dos Recreios** (Nr. 92–104). Die aus Glas und Eisen zusammengesetzte Kuppel importierte man eigens aus Berlin. Heute ist das Coliseu die schönste Vielzweckbühne der Stadt › **S. 55**. Ein Teil des Baukomplexes beherbergt das **Museu da Sociedade de Geografia de Lisboa**. Der große Festsaal (Sala de Portugal) der 1875 gegründeten Geographischen Gesellschaft mit seinen umlaufenden Galerien ist ein einzigartiges Beispiel der Eisenarchitektur des 19. Jhs. Gezeigt werden vor allem völkerkundliche Objekte aus den ehemaligen portugiesischen Kolonien in Afrika und Asien (Besichtigung an jedem 1. Di im Monat um 15 Uhr nach Anmeldung unter Tel. 213 425 401 oder geral@socgeografialisboa.pt spätestens am Vortag, www.socgeografialisboa.pt, Eintritt frei).

Campo dos Mártires da Pátria

Die Rua das Portas de Santo Antão verläuft am Fuß eines steilen Hügels, der wie ein Schiffsbug über die Baixa ragt. Ihn erklimmt eine Standseilbahn von 1884, der **Elevador do Lavra 3**. Von der Bergstation sind es nach links nur wenige Schritte zum **Pátio do Torel**, einer begrünten Wohnanlage des romantischen Lissabon, die Mitte des 19. Jhs. entstand. Hier gruppieren sich großbürgerliche Villen um den stillen, schattigen Terrassenpark

Tour entlang der Avenida da Liberdade

Tour 9

Avenida da Liberdade

1 Estação do Rossio
2 Casa do Alentejo
3 Elevador do Lavra
4 Jardim do Torel
5 Campo dos Mártires da Pátria
6 Hospital de São José
7 Quiosque do Tivoli
8 Parque Mayer
9 Estufa Fria
10 Pavilhão dos Desportos
11 Museu Calouste Gulbenkian

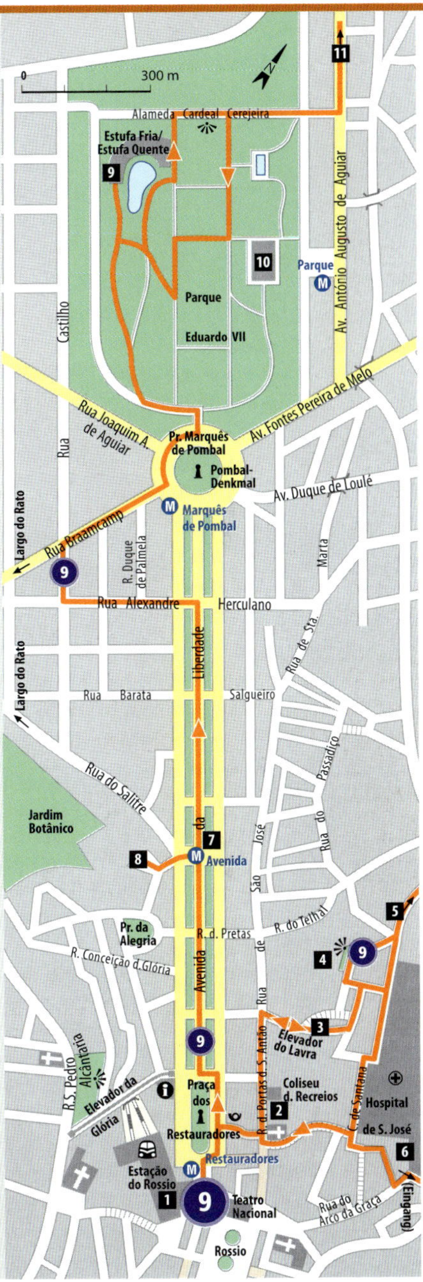

***Jardim do Torel** 4 mit Blick über die Avenida da Liberdade zum Bairro Alto.

Die Rua Júlio Andrade führt hinauf zum ***Campo dos Mártires da Patria** 5 auf dem Hügelkamm. Den Platz säumen auf der Westseite vornehm zurückhaltende Fassaden, darunter diejenigen der Deutschen Botschaft (Nr. 38) und des Goethe-Instituts (Instituto Alemão) nebenan, wo man in der Cafeteria eine Besichtigungspause einlegen kann.

Im 19. Jh., als der Platz nach einem beim Erdbeben verwüsteten Kloster noch Campo de Sant'Ana hieß, war er ein ländliches Pendant zum Rossio mit buntem Volksleben, Märkten und einer Stierkampfarena, die 1891 an den Campo Pequeno › S. 108 verlegt wurde. Umbenannt wurde er zum Gedenken an die patriotischen Widerstandskämpfer gegen die englische Besatzung, die hier 1817 am Galgen endeten.

Das Südende des Platzes markiert die **Faculdade de Ciências Médicas** (Fakultät der Medizinwissenschaften) mit ihrer palastartigen Säulenfassade (1905). Ein Denkmal davor ist Dr. José Tomás de Sousa Martins (1843–1897) gewidmet. Dem Arzt sagte man so wundersame Heilerfolge nach, dass bis zum heutigen Tag viele Menschen seine Fürbitte im Himmel erflehen. Wie bei wundertätigen Volksheiligen werden vor seinem Abbild Kerzen, Blumen und Votivtafeln aufgestellt.

Am Abhang zur Baixa befindet sich das **Hospital de São José** 6, das 1587 als Jesuitenkolleg erbaut und von Pombal nach Vertreibung des Ordens zum größten städtischen Hospital umgewandelt wurde. Meisterliche Azulejo-Gemälde des 17. Jhs. schmücken das Treppenhaus (Zugang an der Südseite, Rua José António Serrano). Durch steile Gassen gelangt man wieder hinunter zur Rua das Portas de Santo Antão.

*Avenida da Liberdade

Einige der großen Bäume und die Statuen der Flussgötter Tejo und Douro am Beginn der Avenida da Liberdade sind die letzten Reste des Passeio Público, der Modepromenade des 19. Jhs., die dem Bau der Avenida weichen musste › S. 47. Der Initiator des Avenida-Projekts, das 1882–1887 realisiert wurde, war der damalige Bürgermeister Rosa Araújo, der gegen alle Widerstände und auf eigene Kosten den beliebten Passeio Público entfernen ließ, um seine Vision von einer modernen Weltstadt zu verwirklichen. Es handelte sich um den ersten großen Stadtentwicklungsplan nach der Pombalzeit, der die Grundlinien für die zukünftige Entwicklung der Stadt nach Norden vorgab.

Beim Bummel die Avenida hinauf passiert man auf der Ostseite Lissabons traditionsreichsten Filmpalast, das **Cinema Tivoli** (Hausnr. 182) von 1924. Vor dem Gebäude steht noch der **Quiosque do Tivoli** 7, ein wunderschön dekorierter, knallroter Jugendstilkiosk. **Erst-klassig**

Originelle Architektur der 1930er-Jahre zeigt das ehemalige **Hotel Vitória** (Hausnr. 168). Die

Praça Marquês de Pombal mit der Statue des Reformers

Zwillingshäuser (Hausnr. 206/218) von 1915 sind Beispiele für die pompöse Originalbebauung der Avenida, bei der gewagte Kombinationen verschiedenster Stilrichtungen an der Tagesordnung waren. Architektur des Modernismo kennzeichnet das **Verlagsgebäude des Diário de Notícias** von 1936 (Hausnr. 266, Architekt P. Monteiro) mit Wandmalereien von J. Almada Negreiros im Foyer.

Parque Mayer 8

Das Eingangstor zum Parque Mayer stammt von 1931 und ist das erste Zeugnis des Art déco in Lissabon. Dahinter trifft man auf Relikte eines 1922 eingerichteten Vergnügungsparks, in dem es etliche Varietétheater, Kinos und Restaurants gab. Besonders während der Salazarzeit wurden hier die beliebten »Revistas« aufgeführt, Komödien im Kabarettstil, die auch gelegentlich etwas Regimekritik wagten. Heute ist nur noch das **Teatro Maria Vitória** (www.teatromariavitoria.com) in Betrieb. Doch die Restaurierungsarbeiten am früheren Kino-Theater Capitólio haben begonnen, zudem ist ein Auditorium geplant. Das ehemalige Teatro Variedades soll zukünftig als Museum die »Revistas« dokumentieren.

Die Rua Barata Salgueiro verdankt ihren Namen einem Finanzmann, auf dessen Grundbesitz das Viertel Ende des 19. Jhs. nach Norden wuchs. Die Hauptachsen bilden nun die Rua Alexandre Herculano und die Rua Braamcamp. In diesem Geviert haben sich einige Prestigebauten aus den Jahren 1905–1925 erhalten, die mit dem städtischen Architekturpreis »Valmor« ausgezeichnet wurden (z.B. Rua Alexandre Herculano Nr. 15–27 sowie Nr. 57 und Rua Braamcamp 40, das heute in ein gläsernes Hochhaus integriert ist).

In der Cinemateca Portuguesa, einem Filmmuseum mit Kino in der Rua Barata Salgueiro 39, werden

Erst-! klassig

häufig internationale Retrospektiven gezeigt (Tel. 213 596 200, www.cinemateca.pt).

*Parque Eduardo VII.

Die Avenida da Liberdade endet in der kreisrunden **Praça Marquês de Pombal** mit dem Denkmal des Reformers. Dahinter steigt der Parque Eduardo VII. hügelan. Als oberer Abschluss der Avenida erhielt er im Gedenken an den Besuch des englischen Königs Edward bereits im Jahre 1903 seinen Namen, wurde allerdings erst in den 1930er-Jahren tatsächlich angelegt.

Im oberen Parkbereich liegt unter einem Felshang die exotische **Estufa Fria** 9. Das Gewächshaus ist nicht aus Glas, vielmehr reguliert eine Abdeckung verschiebbarer Holzlatten das Mikroklima. In diesem Schattenreich mit Teichen und Wasserläufen gedeihen Bambus, Baumfarne, Bananen, Kamelien, Orchideen und Palmen. In einem weiteren, gläsernen Gewächshaus, der **Estufa Quente,** umstehen Kakteen einen Flamingoteich.

Vom oberen Ende des Parks bietet sich ein überwältigender Blick über die Avenida zum Tejo. Die Ostseite akzentuiert der **Pavilhão dos Desportos** 10 (1921–1931) im pseudotraditionellen Casa Portuguesa-Stil mit riesigen Azulejo-Bildern an den Fassaden.

Erst-! klassig

8

**Museu Calouste Gulbenkian 11

Das Museu Calouste Gulbenkian ist Teil einer Stiftung des armenischen Ölmagnaten Gulbenkian. Diese finanziert einen großen Teil des Kulturlebens von Lissabon. Sie unterhält u.a. ein Symphonieorchester und Ballett, vergibt Stipendien und verteilt mit fahrenden Bibliotheken Lesestoff im ganzen Land. Das **Centro de Arte Moderna** widmet sich insbesondere der zeitgenössischen portugiesischen Kunst.

Mittelpunkt der Sammlungen des in einen Park eingebetteten Gul-

SEITENBLICK

Mister Five Percent

Calouste Gulbenkian (1869–1955), ein aus Istanbul stammender Armenier mit britischem Pass, war durch seine fünfprozentigen Beteiligungen an den größten Ölkonzernen als »Mister Five Percent« einer der reichsten Männer seiner Zeit. Als Kunstkenner und -sammler häufte er einen riesigen Schatz von Kunstwerken an, darunter ein großes Porträt der Helene Fourment von Rubens aus der Eremitage. In den 1930er-Jahren zog er mit einem Großteil seiner Kunstwerke in ein Pariser Palais an der Avenue d'Iéna. 1942 kam Gulbenkian – in Großbritannien von Enteignung, in Paris von den Schergen Hitlers bedroht – auf der Flucht vor dem Krieg nach Portugal, das ihm Exil gewährte. Bis zu seinem Tod residierte er in einer Suite des nicht mehr existierenden Nobelhotels Aviz. Aus Dankbarkeit vermachte Gulbenkian seinem Gastland ein riesiges Vermögen und eine Kunstsammlung mit rund 6000 Werken.

benkian-Museums bilden Meisterwerke der europäischen Malerei des 15. bis 19. Jhs., u.a. von Rembrandt, Rubens und Frans Hals. Reichlich ist Kunsthandwerk aus dem Vorderen Orient und Ostasien vertreten: Keramik, Glas und Teppiche. Gulbenkian war selbst ein anerkannter Experte für Orientteppiche. Das Museum besitzt die umfangreichste Kollektion von Jugendstilobjekten des Pariser Goldschmieds René Lalique. Die prunkvolle Sammlung französischer Möbel und Tapisserien aus dem 18. Jh. stammt aus Gulbenkians Pariser Palais (Avenida de Berna 45-A, Tel. 217 823 461, www.gulbenkian.pt, Di–So 10–18 Uhr, Mo und einige Feiertage geschl.).

Am ersten Sonntag im Monat um 12 Uhr werden in der Bibliothek Konzerte gegeben (Eintritt frei). Im August finden die berühmten Jazz-Tage statt › S. 55. Infos unter www.musica.gulbenkian.pt.

Tour 10 Avenidas Novas

Tour-Übersicht:

Verlauf: Saldanha › Campo Pequeno › Bairro Arco do Cego

Dauer: ca. 2 Std.

Praktische Hinweise:

- Die Anfahrt erfolgt bis Ⓜ Saldanha, die Rückfahrt ab Ⓜ Alameda.
- Von Montag bis Freitag herrscht im Bereich der Avenidas Novas dichter Verkehr. Zwar ebbt dieser am Wochenende ab, doch wirkt das Viertel dann außerhalb der modernen Einkaufszentren recht ausgestorben.

Im Museu Calouste Gulbenkian

Tour-Start: Saldanha

Mit der Bevölkerungsexplosion der Zeit um 1900 platzte Lissabon aus allen Nähten. Ein neuer Urbanisierungsplan erschloss mit den Avenidas Novas den Nordosten der Stadt. Zur Hauptachse des rechtwinkligen Straßengitters wurde die **Avenida da República,** die allerdings seither von einer vornehmen Wohnallee zu einer weitgehend baumlosen, lauten Ausfallstraße mutierte. Von der großbürgerlichen Repräsentationsarchitektur des einstigen Boulevards ist nur wenig übrig geblieben.

Ausgangspunkt der Tour ist die kreisrunde **Praça Duque de Saldanha** 12. Ganz in der Nähe bietet der **Mercado 31 de Janeiro** alles für die typische Lissabonner Küche: Kohlblätter und klein geschnittene Gemüse *(hortaliça)* für sämige Suppen, gelbe Kürbisse, deftige Würste *(chouriços),* Netze voller Schnecken *(caracóis),* Knoblauchzöpfe, Guineapfeffer und Oliven.

Um den Platz locken die modernen Einkaufszentren **Atrium Saldan-**

ha und **Saldanha Residence** mit Modeläden, Kinos und Restaurants ein breites Publikum.

Westlich der Avenida Fontes Pereiro de Melo steht etwas verloren zwischen moderner Bürohausarchitektur eine Villa des Fin de Siècle mit dem Sammlermuseum **Casa-Museu Dr. Anastácio Gonçalves 13**. Zwischen den Möbeln des ehemaligen Besitzers sind Lissabonner Gemälde aus dem 19. Jh. und eine Kollektion chinesischen Porzellans zu besichtigen (Avenida 5 de Outubro 6–8, Tel. 213 540 923, http://blogdacmag.blogspot.com, Di 14–18, Mi–So 10–18 Uhr).

Erst-klassig

Die ***Pastelaria Versailles 14** ist mit ihrer noblen Ausstattung eine Bastion für Nostalgiker vergangener Kaffeehauskultur, in der feine alte Herren in Maßanzügen und feine alte Damen mit Goldschmuck sich ein Stelldichein geben. Das Gebäude zählt zu den wenigen verbliebenen Wohnbauten aus der Gründerzeit der Avenida da República (Nr. 15-A, Tel. 213 546 340, tgl. 7.30 bis 22 Uhr).

SEITENBLICK

Tourada

Der – im Land nicht unumstrittene, aber nach wie vor populäre – portugiesische Stierkampf hat noch etwas von einem Ritterspiel: Drei *cavaleiros* hoch zu Ross mit besticktem Seidenfrack und Dreispitz sowie ein Fußvolk bäuerlich gewandeter *forcados* (»Gabelkämpfer«) versuchen, den schnaubenden Stier zu bezwingen. Im Unterschied zu Spanien gibt es keinen Matador. Der Stier verlässt die Arena lebend, allerdings nur, um draußen dem Schlachter zu begegnen.

Campo Pequeno

In einem Park steht die **Praça de Touros do Campo Pequeno 15**, die Stierkampfarena von Lissabon. Der rote Backsteinbau von 1892 zeigt fantasievolle, arabisierende Formen. Bis zu 10 000 Zuschauer finden auf den Rängen Platz. Anfang des 21. Jhs. wurde das Gebäude renoviert und umgebaut. Hinter der imposanten Fassade entstand eine Mehrzweckhalle mit Shoppingcenter, Restaurants, Bars und Kinosälen. Die Arena ist nun dank einer ausfahrbaren Glaskuppel ganzjährig nutzbar und dient auch als Veranstaltungsort für Sportereignisse sowie für Musik- und Fernsehshows. Nach wie vor finden – trotz Protesten portugiesischer Tierschützer – während der Sommersaison Stierkämpfe statt.

An der Rückseite des Parks, Ecke Rua do Arco do Cego, steht der **Palácio Galveias 16**, im 17. Jh. als Landhaus der Grafen von Távora gegründet, die vom Marquês de Pombal nach einem Attentat auf König José I. verfolgt wurden. Mehrere Mitglieder der Familie wurden hingerichtet, ihre Besitztümer konfisziert. Heute logiert die Stadtbibliothek in dem Palast. Mit den schlichten Kuben und zurückgesetztem Haupttrakt zwischen zwei turmartigen Seitenblöcken weist er die charakteristische Grundform der Landsitze *(solares)* auf, die in der Barockzeit auf den Gütern des Adels im Umkreis der Stadt entstanden.

Zwischen Avenida da República und Avenida Almirante Reis hat die Salazarzeit unübersehbare Spuren hinterlassen. Symbole des damals propagierten »neuen Lissabon« sind die kolossalen Marmortempel von Großbanken im Umkreis des Campo Pequeno. Diese dominiert weithin sichtbar der 1993 nach Plänen des Architekten Arsénio Cordeiro fertiggestellte Sparkassenneubau der **Caixa Geral de Depósitos** 17 an der Rua do Arco do Cego. Wie die zehn Jahre älteren Türme des postmodernen Einkaufszentrums Amoreiras › **S. 98** huldigt das Ge-

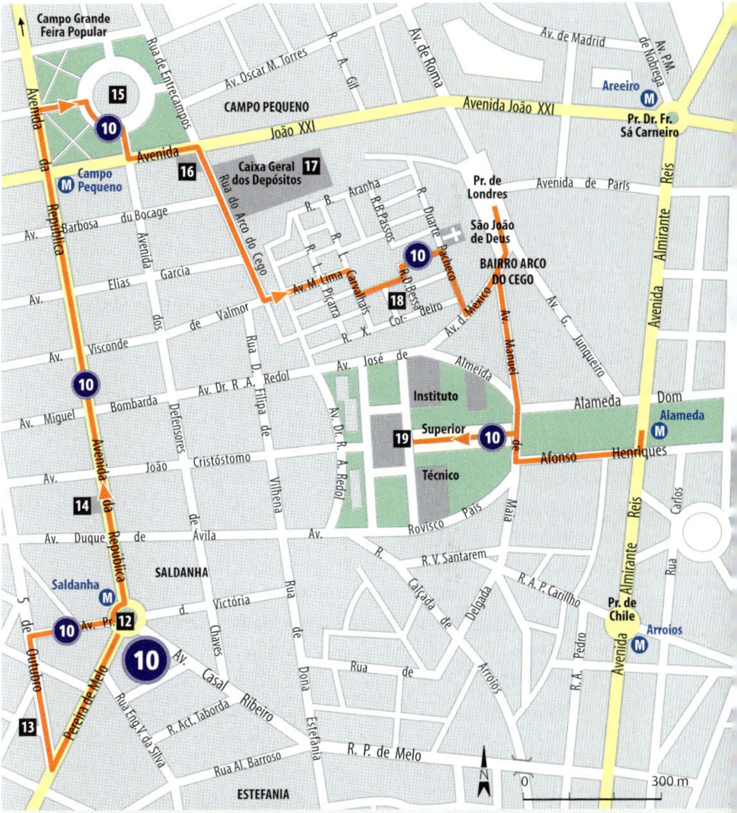

Tour entlang der Avenidas Novas

Tour 10
Avenidas Novas

12 Mercado de Picoas
13 Casa-Museu Dr. Anastácio Gonçalves
14 Pastelaria Versailles
15 Praça de Touros do Campo Pequeno
16 Palácio Galveias
17 Caixa Geral de Depósitos
18 Bairro Arco do Cego
19 Instituto Superior Técnico

› Karte S. 109

Der historische Backsteinbau der Arena am Campo Pequeno

bäude neuem Gigantismus. Es ist nicht nur Arbeitsstätte für 3200 Angestellte, sondern beherbergt mit dem **Culturgest** ein Konzert- und Ausstellungszentrum, das ein Fixpunkt des Kulturlebens von Lissabon ist (www.culturgest.pt › **S. 55**).

Zwischenstopp: Restaurant

Chimarrão ●●
Hier genießt das junge In-Publikum der Avenidas Novas die geschmackliche Vielfalt des brasilianischen *rodízio* – zart gegrilltes Fleisch und eine Riesenauswahl an Beilagen und Salaten.
- Praça do Chile
- Tel. 210 026 652
- www.chimarrao.pt

Bairro Arco do Cego 18

Die neue Glitzerwelt um die Caixa Geral de Depósitos grenzt an die Kleinbürgeridylle des Bairro Arco do Cego von 1927, das erste Modell eines staatlichen Sozialbauprogramms der Salazarzeit, das die von privaten Unternehmern errichteten *vilas* für Arbeiter ablöste › **S. 48**. Die Architektur zeigt ein vereinfachtes Casa-portuguesa-Programm, eine Art faschistischen Heimatstil. Salazar favorisierte für die Bairros Sociais – ein Dutzend entstanden von 1927 bis 1937 – überschaubare, dorfähnliche Anlagen, musste aber später aus ökonomischen Gründen dem Bau großer Mietskasernen zustimmen, in denen er Brutstätten politischen Aufruhrs sah.

Auf der Rückseite des Bairro Arco do Cego ragt die **Igreja São João de Deus** auf. Die Kirche soll mittelalterlich wirken, entstand aber erst 1949. Davor erstreckt sich die **Praça de Londres,** die – ebenso wie die weiter nordöstlich gelegene **Praça de Sá Carneiro** (Praça de Areeiro) – als Zentrum eines neuen Wohnviertels in den 1940er-Jahren entstand. Die kasernenartige Strenge der Hochbauten wird durch die viereckigen Dachpyramiden kaum gemildert und demonstriert beispielhaft das Ordnungsprinzip faschistischer Staatsarchitektur.

Der erste Prestigebau der Salazarzeit liegt an der Avenida Manuel de Maia: das **Instituto Superior Técnico** 19 (1927–1935). Mit seiner für Lissabon damals völlig neuen, der sachlichen internationalen Moderne verpflichteten Architektur setzte es einen ungewohnten Akzent im Stadtbild. Architekt der »neuen Akropolis« des technischen Zeitalters war Pardal Monteiro, der die meisten großen Bauaufträge der Salazarzeit ausführte.

Denkmal der Entdeckungen in Belém

9 Belém

Das Beste!

- Im Kreuzgang des Mosteiro dos Jerónimos **in die Zeit der Ritterorden und Entdeckungsfahrer eintauchen** › S. 114
- Von der Aussichtsplattform der Torre de Belém **nach Schiffen auf dem Tejo Ausschau halten** › S. 116
- Im Jardim Botânico Tropical **in exotischer Blütenfülle schwelgen** › S. 117
- Königliche Prachtkarossen, **mit Gold und Edelsteinen besetzt, bewundern** › S. 117

› Karte S. 113

Die prachtvolle Inszenierung der Manuelinik im Hieronymitenkloster und am Hafenturm sowie der Königspalast und exotische Gärten sind Höhepunkte im vornehmen Vorort Belém.

Der Besuch von Belém gehört zu den Höhepunkten jeder Lissabon-Reise, nicht nur wegen der bedeutenden Hinterlassenschaften der Seefahrerzeit: dem Hieronymitenkloster und dem Wachturm im Tejo. In Belém, auch für Lissabonner am Wochenende ein beliebtes Ausflugsziel, kann man sich vom Großstadttrubel erholen. Zwei botanische Parks mit exotischen Bäumen und viele Restaurants und Cafés laden nach dem Besuch des Klosters und mehrerer Museen zur Rast ein.

Tour in Belém

Tour 11 Denkmäler der Seefahrerzeit

Tour-Übersicht:

Verlauf: **Mosteiro dos Jerónimos › Praça do Império › Torre de Belém › Rua de Belém › Palácio da Ajuda**

Dauer: ca. 4 Std.

Praktische Hinweise:

- Die Anfahrt vom Stadtzentrum erfolgt per Straßenbahn (Eléctrico 15) oder Vorortzug Richtung Cascais ab Cais do Sodré. Wer sich den Anstieg zum Palácio da Ajuda ersparen möchte, fährt ab Belém mit Bus Nr. 732 oder (nur Mo–Fr) mit dem Eléctrico 18 hinauf.
- Montags sind die meisten Sehenswürdigkeiten in Belém geschlossen, ebenso am 1. Jan., Ostersonntag, 1. Mai., 25. Dez. Okt.–April gelten verkürzte Öffnungszeiten.

Tour-Start: ***Mosteiro dos Jerónimos 1

Das ehemalige Hieronymitenkloster ist das bei Weitem interessanteste Bauwerk Lissabons und ein glanzvolles Zeugnis des Zeitalters der Entdecker. Die UNESCO nahm es 1983 in die Liste des Weltkulturerbes auf (Praça do Império, Tel. 213 620 034, www.mosteirojeronimos.pt, Okt.–April Di–So 10–17.30, Mai–Sept. Di–So 10–18.30 Uhr, Mo, 1. Jan., Ostersonntag, 1. Mai. und 25. Dez. geschl.).

Erst-klassig

Zuvor stand hier am einstigen Porto do Restelo eine kleine, der Nossa Senhora de Belém (»Unserer Lieben Frau von Bethlehem«) gewidmete Kapelle, die auf eine Gründung Heinrich des Seefahrers zurückging. Vom Hafen Restelo brachen die Karavellen zu ihren Expeditionen über die Weltmeere auf. Hier wurde am 7. Juli 1497 Vasco da Gama verabschiedet und nach seiner Reise nach Indien um die Südspitze Afrikas am 24. Juli 1499 mit fürstlichen Ehren empfangen.

Im Jahr 1502 legte König Manuel I. den Grundstein zu dem Kloster, das zum Symbol des Triumphs der portugiesischen Seeherrschaft und zu einem Hauptwerk der Manuelinik › S. 45 wurde. Das riesige Bauvorhaben finanzierte er mit einer Importsteuer und durch die enormen Gewinne, die er kraft seines Monopols auf den Gewürzhandel erzielte. Als Hauptmeister werden in den Archiven wie bei allen weiteren Großbauten der Regierungszeit

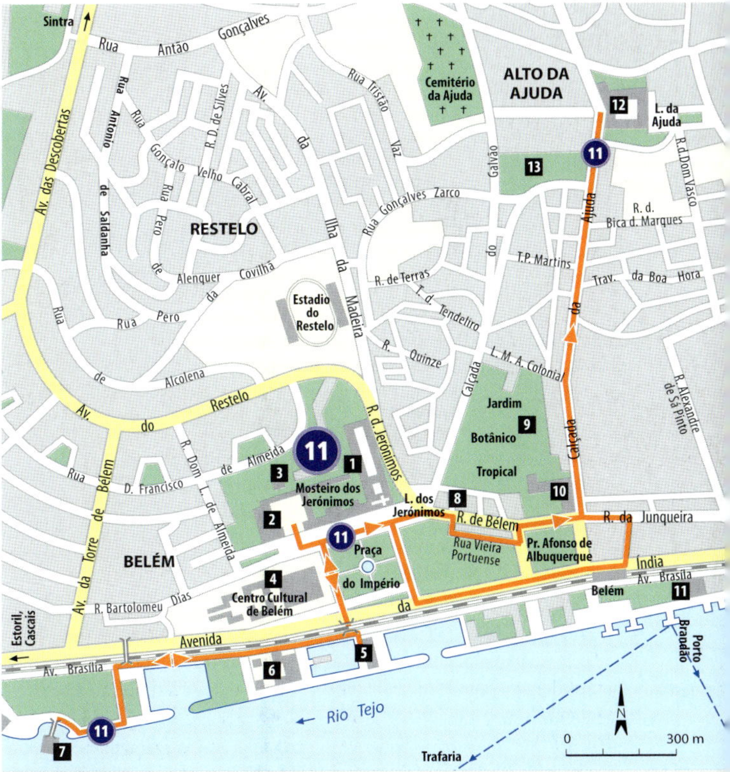

Tour in Belém

Tour 11

Denkmäler der Seefahrerzeit

1 Mosteiro dos Jerónimos
2 Museu de Marinha
3 Museu Nacional de Arqueologia
4 Centro Cultural de Belém
5 Padrão dos Descobrimentos
6 Museu de Arte Popular
7 Torre de Belém
8 Fábrica dos Pastéis de Belém
9 Jardim Botânico Tropical
10 Museu Nacional dos Coches
11 Museu da Electricidade
12 Palácio Nacional da Ajuda
13 Jardim Botânico d'Ajuda

› Karte S. 113

Der herrliche Kreuzgang des Mosteiro dos Jerónimos

König Manuels Diogo Boytac (bis zu seinem Tod 1517) und danach João de Castilho genannt.

Der Außenbau der Klosterkirche **Igreja de Santa Maria de Belém** ist relativ wenig gegliedert, mit Ausnahme des prächtigen Südportals, das wie eine riesige Monstranz 32 m hoch aufragt. Am Mittelpfeiler steht Heinrich der Seefahrer im Bogenfeld unter den Reliefbildern zur Hieronymuslegende. Das 1517 entstandene Westportal ist ein Meisterwerk des Franzosen Nicolas de Chanterène, von dem die schönsten Bildhauerarbeiten der Manuelinik stammen. An den Seitenwänden knien König Manuel I. und seine Gemahlin, begleitet von den Heiligen Hieronymus und Johannes dem Täufer, betend unter den Bethlehem-Reliefs im Giebelfeld.

Überraschend schwerelos wirkt der Innenraum, eine spätgotische Halle, die durch hohe Pfeiler von nur 1 m Durchmesser gestützt wird. Aus diesen entspringen Rippen, die sich zu einem dekorativen Netzgewölbe auffächern. Noch kühner ist die Konstruktion des Querschiffs, dessen Wölbung eine lichte Weite von 29 m überspannt.

In Kontrast zur übrigen Kirche steht der ernste, fast düstere **Renaissancechor**, in dem auf steinernen Elefanten die Sarkophage Manuels I., seines Sohnes João III. und ihrer Gemahlinnen ruhen. Das Grabmal Vasco da Gamas befindet sich unter der Empore, ebenso ein Kenotaph für den Nationaldichter Luís de Camões, dessen Grab unbekannt ist.

Erst-! klassig

Eines der schönsten manuelinischen Bauwerke ist der doppelstöckige Claustro (Kreuzgang). Ursprünglich spiegelten sich die Arkadenwände mit ihrer ganzen bildhauerischen Pracht in einem riesigen Wasserbecken. Damals muss der Kreuzgang noch stärker als heute wie der Palasthof eines orientalischen Fürsten gewirkt haben, nicht wie ein schlichter Wandelgang für strenggläubige Mönche.

Fast 200 m misst das **Dormitorium,** das sich westlich an die Kirche anschließt und mit ihr zusammen die Fassadenwand des Hieronymitenklosters zum Fluss hin bildet. Das Untergeschoss war früher, als das Kloster noch direkt am Flussufer lag, eine offene Halle, Schutzraum, Markt- und Handelsplatz für Seeleute und Fischer. Die heutige Erscheinung ist im Wesentlichen das Ergebnis der Restaurierung des 19. Jhs.

Im Westflügel des Klosters ist das **Museu de Marinha** **2** mit einer Sammlung zur portugiesischen Seefahrtsgeschichte untergebracht. Sie umfasst Schiffsmodelle, nautische Instrumente und Seekarten sowie im Außenbereich auch kleinere Originalboote (Tel. 213 620 019, http://museu.marinha.pt, Okt.–April Di–So 10–17, Mai–Sept. Di–So 10–18 Uhr, Mo, 1. Jan., Ostersonntag, 1. Mai und 25. Dez. geschl.).

Das benachbarte **Museu Nacional de Arqueologia** **3** zeigt Grabungsfunde, Felszeichnungen und Architekturreste aus Portugal, von der Altsteinzeit bis zum Mittelalter, darunter antike Goldschmiedekunst, Terrakottafiguren und Glasarbeiten (Tel. 213 620 000, www.museuarqueologia.pt, Di–So 10–18 Uhr, Mo, 1. Jan., Ostersonntag, 1. Mai und 25. Dez. geschl.).

Praça do Império

Vor dem Mosteiro dos Jerónimos breitet sich die weite Praça do Império mit Grünanlagen und Springbrunnen aus. Der »Platz des Weltreichs« entstand anlässlich der Weltausstellung 1940, einer patriotischen Veranstaltung der Salazar-

SEITENBLICK

Der Kunstmäzen Joe Berardo

In Südafrika erwarb der 1944 auf Madeira geborene Milliardär José (Joe) Berardo › **S. 116** sein gewaltiges Vermögen. Als junger Mann dorthin ausgewandert, war er zunächst in einer Gärtnerei tätig und kam dann auf die geniale Idee, aus den alten Abraumhalden einer Goldmine mit modernem Gerät noch mehr von dem begehrten Edelmetall herauszuholen, als Jahrzehnte zuvor technisch möglich gewesen war. Später stieg er auch ins Diamantengeschäft ein. Heute besitzt er Beteiligungen an zahlreichen internationalen Unternehmen. Seinen Reichtum setzt Berardo, der in einem Palast bei Lissabon lebt, mit Vorliebe für die Förderung der Kunst ein. Er unterstützt zeitgenössische Maler und Bildhauer und hat eine der weltweit umfassendsten Sammlungen moderner Kunst zusammengetragen. Angefangen mit »Tête de Femme« (1909), einem kubistischen Frühwerk von Picasso, deckt diese rund ein Jahrhundert des Kunstschaffens ab. In den wechselnden Ausstellungen des Museu Colecção Berardo sind u.a. Werke von Yves Klein, Andy Warhol und Henry Moore zu sehen.

zeit. An der Westseite des Platzes hat man mit EU-Millionen eine gewaltige Marmorburg aufgetürmt, das **Centro Cultural de Belém** 4, ein Kulturzentrum. Im ***Museu Colecção Berardo** sind wechselweise namhafte Werke des 20./21. Jhs. aus der rund 900 Stücke umfassenden Sammlung des Unternehmers Joe Berardo › S. 115 zu sehen. Temporäre Ausstellungen widmen sich u.a. jungen portugiesischen Künstlern und moderner Architektur (Tel. 213 612 878, www.museuberardo.com, tgl. 10–19 Uhr, Eintritt frei).

Am angrenzenden Ufer des Tejo erhebt sich der **Padrão dos Descobrimentos** 5. Das Denkmal der Entdeckungen wurde 1960 zum 500. Todestag Heinrich des Seefahrers errichtet. In Stein gehauen, schauen Heinrich der Seefahrer mit einer Karavelle in der Hand und hinter ihm u.a. Vasco da Gama, Bartolomeu Dias, Luís de Camões und Manuel I. über den Fluss in die Ferne. Ein Marmormosaik auf dem Boden vor dem Eingang, ein Geschenk der Republik Südafrika, zeigt eine **Windrose** mit einer Weltkarte, auf der die Stationen der portugiesischen Entdeckungsfahrten verzeichnet sind. Mit dem Aufzug geht es zur 50 m hohen Spitze des Denkmals und zur **Aussichtsterrasse**, die einen weitreichenden Rundumblick bietet (Avenida de Brasília, Tel. 213 031 950, www.padraodosdescobrimentos.egeac.pt, März–Sept. Di–So 10–19, Okt.–Febr. Di–So 10–18 Uhr, Mo, 1. Jan., 1. Mai und 25. Dez. geschl.).

Erst-! klassig

Wenig weiter beherbergt ebenfalls am Flussufer das **Museu de Arte Popular** 6 Gebrauchsgegenstände und Trachten aus den Regionen Portugals, vorwiegend aus der ersten Hälfte des 20. Jhs. Das 1948 im Stil der Salazarzeit eingerichtete Museum wurde nach umfassenden Renovierungsarbeiten jetzt wieder der Öffentlichkeit zugänglich gemacht. Im neuen Gewand befasst es sich mit historischen und ethnologischen Aspekten der portugiesischen Volkskunst (Avenida de Brasília, Tel. 213 011 282, www.map.imc-ip.pt, Mi–Fr 10–18, Sa, So 10–13, 14–18 Uhr, Mo, Di, 1. Jan., Ostersonntag, 1. Mai und 25. Dez. geschl., Eintritt frei).

***Torre de Belém 7

Flussabwärts steht ein weiteres Wahrzeichen der Entdeckerzeit, die 1515–1520 von Franciso de Arruda im Manuelinischen Stil errichtete Torre de Belém. Die von einem steinernen Tau umschlungene Hafenfestung bewachte die Einfahrt der Karavellen in den Porto do Restelo. Ursprünglich stand die Torre de Belém mitten im Tejo, verlor aber durch Aufschüttungen im 19. Jh. ihre Insellage. An den Zinnen prangt das Kreuz der Christusritter, indisch-orientalisch inspirierte Rippenkuppeln krönen die Türmchen. In den finsteren Kasematten im Inneren schmachteten bis zum 19. Jh. Gefangene. Das 35 m hohe Flachdach des von der UNESCO zum Weltkulturerbe erklärten Turms ist heute eine Aussichtsplattform (Tel. 213 620 034, www.torrebelem.pt, Öffnungszeiten wie Mosteiro dos Jerónimos › S. 112).

Wahrzeichen: Torre de Belém

Ein Kombiticket für den Eintritt sowohl für das Mosteiro dos Jerónimos als auch für die Torre de Belém ist für 10 € zu haben. Wenn zusätzlich der Palácio da Ajuda (s. u.) enthalten ist, kostet das Ticket 13 €.

Rua de Belém

Die ***Fábrica dos Pastéis de Belém** 8 stellt seit 1837 köstliche Cremeteilchen *(pastéis de Belém)* her. Sie werden warm serviert und nach Geschmack mit Zimt und Puderzucker bestreut. Das hauseigene, streng geheim gehaltene Rezept geht auf klösterliche Tradition zurück (Rua de Belém 84–92, Tel. 213 637 423, www.pasteisdebelem.pt, Juni–Sept. tgl. 8–24, Okt.–Mai 8–23 Uhr).

Erst-! klassig

Die pittoreske **Rua Vieira Portuense** liegt am Tejo-Ufer. Vor ihrem fotogenen Häuserensemble aus dem 16.–18. Jh. haben Restaurants Stühle und Tische im Freien aufgestellt.

Erst-! klassig

Gleich um die Ecke liegt der ***Jardim Botânico Tropical** 9. Die früher als Jardim do Ultramar bekannte, 1906 gegründete Parkoase beherbergt exotische Pflanzen, zusammengetragen aus den ehemaligen portugiesischen Kolonien in Übersee. Dank des milden Atlantikklimas gedeihen hier Arten, die andernorts in Europa kaum zu finden sind. Deren Erforschung hat sich die Parkleitung zur Aufgabe gemacht. Alleen und ein großer Teich gliedern das weitläufige (7 ha) Gelände (Largo dos Jerónimos, Tel. 213 609 660, www2.iict.pt/jbt, Mo bis Fr 9–19, Sa, So 11–19 Uhr, 1. Jan. und 25. Dez. geschl.).

Als Themengarten widmet sich der integrierte **Jardim Oriental** der asiatischen Gartenkunst. Oberhalb des orientalischen Gartens erhebt sich der **Palácio dos Condes da Calheta** aus dem 17. Jh. mit einem Dokumentationszentrum und einer mit formalen Buchsbaumhecken gestalteten Außenterrasse.

Eine weitere Attraktion ist das ***Museu Nacional dos Coches** 10.

Das Original: Pastéis de Belém

Das Kutschenmuseum wurde 1905 von Dona Amélia, der Gattin des letzten portugiesischen Königs, gegründet. Die wertvolle Sammlung von 59 meist sehr prunkvollen Wagen aus der Zeitspanne vom 17. bis 19. Jh. stammt großenteils aus dem Besitz der königlichen Familie und befindet sich in den Räumlichkeiten der Reitschule des benachbarten **Palácio de Belém.** Letzterer fungiert heute als offizieller Wohnsitz des Präsidenten der Republik Portugal (Museu Nacional dos Coches, Praça Alfonso de Albuquerque, Tel. 213 610 850, www.museudoscoches.pt, Di–So 10–18 Uhr).

Erst-klassig

An der Rua Junqueiro stehen weitere Paläste, die Lissabonner Adelsfamilien nach dem großen Erdbeben von 1755 errichten ließen. Als Industriedenkmal und moderner Ausstellungsort lohnt am Tejo das **Museu da Electricidade** 11 im ehemaligen Kohlekraftwerk von 1914 einen Abstecher. Es versorgte Lissabon früher mit Strom (Avenida de Brasília, Tel. 210 028 130, www.edp.pt, Di–So 10–18 Uhr, Öffnungszeiten können variieren).

**Palácio Nacional da Ajuda 12

Die Calçada da Ajuda führt auf eine Anhöhe, wo die königliche Familie ab 1802 auf ehemaligem Jagdgrund einen Palast erbauen ließ. König Luís I. (reg. 1861–1889) erhob ihn zur ständigen Residenz. Heute wird der klassizistische Bau für Staatsempfänge genutzt. Zwei Flügel sind Besuchern zugänglich. Zu sehen sind Prunkräume des 19. Jhs., der Wintergarten und wertvolle Dekorationsgegenstände aus den königlichen Gemächern (Largo da Ajuda, Tel. 213 637 095, www.palacioajuda.pt, Mo–Fr, So 10–19, Sa 10 bis 21 Uhr, 1. Jan., Ostersonntag, 1. Mai und 25. Dez. geschl.).

Gegenüber ließ König José I. 1768 den **Jardim Botânico d'Ajuda** 13 durch einen italienischen Botaniker anlegen, um die aus den Kolonien mitgebrachten Pflanzen zu kultivieren und die Chancen ihrer kommerziellen Nutzung zu untersuchen. Heute gehört die Anlage zur Technischen Hochschule Lissabon. Während der obere Gartenteil Studienzwecken dient, ist der untere Teil parkartig im Barockstil mit kunstvoll zugeschnittenen Buchsbaumhecken angelegt. Es gibt auch einen Kräutergarten (www.jardimbotanicodajuda.com, Okt.–März tgl. 9–18, April 9–19, Mai–Sept. 9–20 Uhr, 1. Jan., 25. Dez. geschl.).

Portugals Neuschwanstein: Palácio Nacional da Pena bei Sintra

Ausflüge

Das Beste!

- Museu Nacional do Azulejo
- Museu da Água
- Campo Grande
- Parque das Nações
- Quinta do Monteiro Mor
- Alto de Monsanto mit Fronteira-Palast
- Estoril und Cascais
- Entlang der Atlantikküste
- Kulturlandschaft von Sintra
- Rokokopalast von Queluz
- Klosterschloss von Mafra

› Karte S. 124

10 **Azulejo-Museum 1

Zentrum › Xabregas

Dauer: ½ Tag

Praktische Hinweise:

- Anfahrt zum Museu Nacional do Azulejo bis Ⓜ Restauradores, Rossio oder Santa Apolónia und weiter mit Bus Nr. 759 oder bis Ⓜ Saldanha und weiter mit Bus Nr. 718 bzw. 742.

Das schöne Kloster Madre de Deus von 1508 ist ein idealer Rahmen für das **Museu Nacional do Azulejo.** Fliesen aus dem 16. bis 20. Jh. rund um den Kreuzgang veranschaulichen die thematische Bandbreite dieses typisch portugiesischen Kunsthandwerks. Auch über die Techniken der Azulejo-Herstellung und ihre Geschichte wird informiert. Glanzstück der Sammlung und auch historisch von großer Bedeutung ist ein 23 m langes Azulejo-Bild von Lissabon, das die Stadt um 1700 auf geiner Breite von ca. 14 km vor dem großen Erdbeben zeigt. Aus knapp 1400 Azulejos besteht das Altarbild »O Retábulo de Nossa Senhora da Vida« (Ende 16. Jh.).

Erst-!
klassi

Sehenswert sind auch die Klosterkirche und angrenzende Kapellen, Musterbeispiele portugiesischer Barockpracht mit aufwendig vergoldeten Holzschnitzereien. Fliesenbilder aus der Klosterküche zieren die Cafeteria, die auch einen hübschen begrünten Innenhof besitzt. Hier kann man sich nach dem Kunstgenuss stärken (Rua da Madre de Deus 4, Tel. 218 100 340, www.museudoazulejo.pt, Di–So 10 bis 18 Uhr, Mo, 1. Jan., Ostersonntag, 1. Mai und 25. Dez. geschl.).

SEITENBLICK

Azulejos – die Kunst der polierten Steinchen

Al-zulaycha bezeichnet auf Arabisch ein poliertes Steinchen. Glasierte Keramikfliesen wurden von den Arabern nach Spanien und Portugal gebracht. Die ältesten Azulejos Portugals stammen aus dem 15. Jh. und wurden in Sevilla hergestellt (Königspalast in Sintra › **S. 131**). Die Oberflächen sind durch Stege oder Furchen gegliedert, um das Ineinanderlaufen der Farben zu verhindern, und zeigen meist Ornamentsterne islamischer Tradition. Im 16. Jh. wurde aus Italien die Majolikatechnik eingeführt, bei der die Farben flächig auf eine Zinkglasur aufgebracht werden. Von dort kamen mit der Renaissance auch andere Motive und Muster nach Portugal. In der Folge wurde mit vielen Farben und Formen experimentiert, bis man sich Mitte des 17. Jhs. unter dem Einfluss holländischer Importware ganz auf den Farbklang von Kobaltblau und Weiß beschränkte. Blau-weiße barocke Fliesenpaneele mit szenischen Darstellungen und ornamentaler Wellenbordüre schmücken noch heute viele Wände in Kirchen, Klöstern und Palästen. Im Rokoko (Mitte 18. Jh.) erhielten die Azulejos wieder eine zarte Polychromie (z.B. im Palácio Nacional de Queluz › **S. 135**). Industrielle Massenproduktion erlaubte es 100 Jahre später, ganze Fassaden mit Fliesen zu verkleiden.

Museu da Água 2

Zentrum › Bahnhof Santa Apolónia

Dauer: ½ Tag
Praktische Hinweise:
- Anfahrt zum Museu da Água bis Ⓜ Santa Apolónia.

In der Nähe des Bahnhofs Santa Apolónia befindet sich der Hauptsitz des **Museu da Água** im ehemaligen Wasserpumpwerk Barbadinhos von 1880, heute ein sehenswertes Industriedenkmal. Mit Dampfantrieb wurde hier früher das Wasser des Rio Alviela in zwei höher gelegene Speicherbehälter befördert, um die Stadt zu versorgen (Rua do Alviela 12, Tel. 218 100 215, http://museudaagua.epal.pt, Di–Sa 10 bis 17.30 Uhr, Fei geschl.).

Zum Museum gehören drei über die Stadt verteilte Ableger, die z.B. im Rahmen von Führungen zu besichtigen sind: der Aquädukt Águas Livres › **Special S. 99**, das Wasserreservoir Mãe d'Água das Amoreiras › **S. 98** und die Zisterne Patriarcal unter der Praça do Príncipe Real.

Museen am Campo Grande 3

Zentrum › Campo Grande

Dauer: ½ Tag
Praktische Hinweise:
- Anfahrt bis Ⓜ Campo Grande; neben der Metrostation gibt es auch einen großen Busbahnhof.

Der Campo Grande, das »Große Feld«, war einst ein großes Exerziergelände vor der Stadt. Seit dem 17. Jh. entstanden hier Landhäuser *(solares)* und Ausflugslokale *(retiros)* und der Campo Grande entwickelte sich zu einem beliebtesten Naherholungsziel vor den Toren Lissabons. Bis heute ist der schattige Park ein gerne angesteuertes Freizeitziel der Hauptstädter. Neben einem Schwimmbad gibt es einen Teich, auf dem man Boot fahren kann, und allerlei Spielmöglichkeiten für Kinder. Auch die Studenten der **Cidade Universitária,** deren Areal an den Campo Grande angrenzt, nutzen den Park.

Von den ehemaligen Landhäusern des Adels hat als einziger der **Palácio Pimenta** am oberen Ende des Campo Grande überdauert. König João V., der so kirchenfromm war, dass er sich sogar seine Mätressen in Klöstern suchte, ließ ihn 1739 als Quinta für seine geliebte Nonne Paula errichten, mit der er zwei Kinder hatte. Heute befindet sich darin das **Museu da Cidade.** Das Stadtmuseum ist nicht nur wegen seiner geschichtlichen Exponate sehenswert, sondern es bewahrt auch etwas von der Atmosphäre eines Herrenhauses aus dem 18. Jh. mit originaler Küche sowie Wohnräumen mit Azulejowänden. Zeitgenössische Ansichten zeigen Lissabon nach dem Erdbeben von 1755. Zu sehen sind die Originalentwürfe für die Rekonstruktion der Baixa (Campo Grande 245, Tel. 217 513 200, www.museudacidade.pt, Di–So 10–13, 14–18 Uhr, Fei geschl.).

SPECIAL

Freizeitspaß im EXPO-Park

11 **Parque das Nações 4

Shoppen, schlemmen, stöbern, staunen, spielen – die EXPO 1998 hat Lissabon eine zusätzliche Attraktion beschert. Portugiesen wie Touristen pilgern gleichermaßen zu dem ehemaligen Weltausstellungsgelände am Ufer des Tejo. Im Schnitt 1 Mio. Besucher pro Monat zählt sein Herzstück, der weitläufige Parque das Nações. Heute finden hier Konzerte, Sportevents und Kongresse statt. Einige Pavillons erhielten ein neues Innenleben in Gestalt attraktiver Dauerausstellungen. Zudem lädt der Park zum Joggen, Bummeln und Faulenzen ein. Wasserspiele, über ein Dutzend Restaurants, ein Spielkasino sowie am Wochenende unzählige Straßenkünstler erfreuen Groß und Klein.

Shoppingcenter Vasco da Gama

Mehr als 160 Geschäfte und eine Vielzahl von Bars, Cafeterias und Restaurants umfasst der lichtdurchflutete ehemalige Eingangsbereich der EXPO. Eltern können ihren Nachwuchs in lustigen Comic-Cars durch die Ladenstraßen schieben, und wer gerne etwas Ruhe genießt, entspannt sich in den Liegestühlen auf der Terrasse im Obergeschoss. Von hier aus eröffnet sich ein herrlicher Blick auf das EXPO-Gelände und den nahen Tejo (tgl. 9–24 Uhr).

Wissenschaftspavillon

Auf anschauliche Weise erhalten die Besucher des **Pavilhão do Conhecimento – Ciência Viva** Einblick in verschiedene Sparten der Wissenschaft. Am Wochenende werden

Workshops angeboten, in denen z.B. Teleskope konstruiert oder Sonne, Mond und Sternbilder beobachtet werden.

- **Pavilhão do Conhecimento**
  www.pavconhecimento.pt
  Di–Fr 10–18, Sa, So, Fei 11–19 Uhr, Erw. 7 €, Kinder 6–17 Jahre 4 €, 5–6 Jahre 3 €, Familien 15 €

**Oceanário de Lisboa

Hauptattraktion im Parque das Nações ist das Ozeanarium, eines der größten Meerwasseraquarien Europas. Rund 15 000 Fische, Vögel und Säugetiere tummeln sich hier. Durch die ca. 30 cm dicke Scheiben des Hauptbeckens können z.B. Haie, Rochen und Mondfische beobachtet werden. Vier kleinere Becken stellen die Natur des Indischen Ozeans, der Antarktis, der Azoren und der kalifornischen Küste dar.

- **Oceanário de Lisboa**
  Tel. 218 917 002
  www.oceanario.pt
  Im Sommer tgl. 10–20 Uhr, im Winter 10–19 Uhr, Erw. 13 €, Kinder 4–12 Jahre 9 €, Familien 34 €

Torre Vasco da Gama

Der Turmsockel erinnert an einen Schiffsbug und die weiße Stahlkonstruktion an ein Segel, das sich an dem Mast aus Beton bläht. Wie ein Mastkorb erscheint das ehemalige, derzeit geschlossene EXPO-Restaurant in luftiger Höhe. Seit Ende 2012 schmiegt sich das Luxushotel **Myriad by Sana** (www.myriad.pt) an den 145 m hohen Turm, ohne ihn wirklich zu berühren. Ein Hauch von Dubai weht seither am Tejo. Das 22-stöckige Hotel der Superlative verfügt über 186 Zimmer und Suiten mit wunderbaren Ausblicken, ein Spa und das exklusive Restaurant **River Lounge** mit mediterraner Autorenküche.

Gare do Oriente

Der spanische Architekt Santiago Calatrava entwarf den grandiosen neuen Hauptbahnhof der Stadt. Beim Design des Glasdachs ließ er sich von Baumstrukturen inspirieren. Sehenswert ist wegen ihrer Azulejos auch die Metrostation (dort Zugang zum Einkaufszentrum Vasco da Gama).

Schwebebahn

Beim Überqueren des Tejo-Ufers mit der Schwebebahn **Telecabine** lässt sich der Park der Nationen wunderbar aus der Vogelperspektive erleben (Tel. 218 965 823, www.telecabinelisboa.pt, 8. Juni–Mitte Sept. 10.30–20, Mitte Sept.–Mitte Okt., 9. Feb.–7. Juni 11–19, Mitte Okt.–8. Feb. 11–18 Uhr, Mittagspause jeweils 13.30–14.45 Uhr, Erw. 3,95 €, Kinder 2 €

Besucherhinweise

- **Anfahrt:** Mit der roten Metrolinie bis Ⓜ Oriente oder mit den Vorortzügen ab Estação Santa Apolónia bis Gare de Oriente. Das weitläufige Gelände selbst erschließt der Minizug **Train Tours,** Abfahrt Sa, So, Fei 10–17, Juli/Aug. bis 18 Uhr zu jeder vollen Stunde (außer 13 Uhr) am flussseitigen Ausgang des Einkaufszentrums. Erw. 4 €, Kinder 4–12 Jahre 2 €.
- **Infos:** www.portaldasnacoes.pt

› Karte S. 124

Auf der gegenüberliegenden Seite des Campo Grande residiert das jüngst renovierte **Museu Rafael Bordalo Pinheiro** in einer Villa von 1912. Es widmet sich dem Karikaturisten und Keramikkünstler Rafael Bordalo Pinheiro (1846–1905), dem Erfinder von portugiesischen Volkstypen wie dem tumben »Zé Povinho« und seiner geduldigen Ehefrau »Maria da Paciência«, die er in grotesken Tonfiguren verewigte (Campo Grande 382, Tel. 218 170 667, www.museubordalopinheiro.pt, Di–Sa 10–18 Uhr, So, Mo, Fei geschl.).

Bizarr ist die Keramik von Bordalo Pinheiro: Teller und Tafelaufsätze mit plastisch gestalteten Riesenfrüchten, Fröschen oder Hummern. Er gründete eine Manufaktur in der portugiesischen Keramikhauptstadt Caldas da Rainha, wo das von ihm entworfene Geschirr im Kohlblattdesign bis heute zu den Topsellern zählt.

Shopping

Lanidor

Der Mode-Megastore weckt Lust zum Shoppen. Zur Philosophie der Ladenkette gehören auch kulinarische Verlockungen im LA Caffé.

- Campo Grande 3-A
- www.lanidor.com

*Quinta do Monteiro Mor 5

Lissabon › Lumiar

Dauer: ½–1 Tag

Praktische Hinweise:

- Die Quinta liegt im Vorort Lumiar, Anfahrt bis Ⓜ Lumiar.

Die einst auf ländlichem Jagdgrund gelegene Quinta befindet sich heute mitten im Vorort Lumiar und ist eine stille Enklave in der Betonwüste. Zwischen zwei historischen Villenkomplexen des 18. Jhs. erstreckt sich in einer Talsenke ein botani-

Fliesenbilder im Garten des Adelspalastes von Fronteira

scher Waldgarten mit exotischen Bäumen. Schon vor über 200 Jahren war er für seine Pflanzenkollektion berühmt.

In der Quinta do Monteiro Mor befinden sich ein Kostüm- und ein Theatermuseum. Das ***Museu Nacional do Traje** besitzt einen gewaltigen Fundus an Kleidungsstücken aus der Zeit vom 4. bis 19. Jh. Die schlichten wie kostbaren Stücke stammen aus allen portugiesischen Provinzen und werden mit viel Atmosphäre in den historischen Räumen der Quinta präsentiert. Auch ein Demonstrationsraum für die alten Web- und Stoffdrucktechniken ist angeschlossen (Largo Júlio de Castilho, Tel. 217 567 620, www.museudotraje.pt).

Erst-! klassig

Gleich nebenan befasst sich das **Museu Nacional do Teatro (MNT)** mit der Geschichte des portugiesischen Theaters. Zu sehen sind Kostüme, Requisiten, Bühnenbilder, Plakate und vieles mehr (Estrada do Lumiar 10, Tel. 217 567 410, www.museudoteatro.pt, Öffnungszeiten beide Museen und Park: Di 14–18, Mi–So 10 bis 18 Uhr).

Zwischenstopp: **Restaurant**

Den Blick in die Baumkronen kann man von der Terrasse des **Parkrestaurants** (●●●) genießen. Eine Alternative ist die Cafeteria-Terrasse des Theatermuseums.

Alto de Monsanto 6

Lissabon › Alto de Monsanto

Dauer: 1 Tag

Praktische Hinweise:

- Anfahrt bis Ⓜ Sete Rios/Jardim Zoológico, von dort weiter mit Bus Nr. 70.

Westlich der Innenstadt stellt der **Alto de Monsanto** ein beliebtes Naherholungsgebiet für Lissabon dar. Der östliche und südliche Fuß des Hügels war ehedem eine ländliche Idylle mit adeligen Quintas (Gutshöfen). Eine davon ist der zwischen

› Karte S. 124

Detail aus dem Azulejo-Dekor im Garten des Fronteira-Palastes

1650 und 1675 im Stil der italienischen Renaissance errichtete ***Palácio dos Marqueses da Fronteira.** Das Erdbeben von 1755 überstand er unbeschadet. Seine berühmte Gartenanlage ist die besterhaltene des 17. Jhs. in Lissabon mit außergewöhnlichem Azulejo-Dekor. Das Haus ist Sitz einer Stiftung und kann im Rahmen von Führungen besichtigt werden (Largo de São Domingos de Benfica 1, Tel. 217 782 023, www.fronteira-alorna.pt, Mo bis Sa 11, 12 Uhr, Juni–Sept. 10.30, 11, 11.30, 12 Uhr, So, Fei geschl.).

Erst-klassig

Der oberhalb angrenzende, 900 ha große **Parque Florestal de Monsanto** geht auf Aufforstungen ab 1929 zurück. Zuvor war der flache Gebirgszug Weideland für Ziegen und Schafe. Heute durchzieht den inzwischen wegen seiner Vielfalt an Tier- und Pflanzenarten unter Naturschutz gestellten Forstpark ein Netz von Fuß- und Radwegen. Außerdem gibt es Picknickplätze und eine Reihe weiterer Freizeiteinrichtungen. Als Eingangsportal und Infozentrum dient der **Espaço Monsanto** (Estrada do Barcal, Monte das Perdizes, www.cm-lisboa.pt, April bis Okt. Mo–Fr 9.30–17, Sa 9.30–18, So 14–18, Okt.–März Mo–Sa 9.30 bis 17, So 14–17 Uhr).

Eine Festung aus dem 19. Jh., das **Forte de Monsanto,** dominiert den gleichnamigen Berg. Die hier stationierte Artillerie konnte im Ernstfall die Tejo-Einfahrt wie auch die gesamte Umgebung der Stadt beschießen. Heute dient das Fort als Gefängnis.

Hotel

Quinta Nova da Conceição ●●
Bezaubernde Villa aus dem 18. Jh. mit nur drei Gästezimmern.

- Rua Cidade de Rabat 5
- Tel. 217 780 091

Estoril 7 und *Cascais 8

Lissabon › Estoril › Cascais

Dauer: 1 Tag

Praktische Hinweise:

- Anfahrt per Bahn ab dem Bahnhof am Cais do Sodré mit der Linha de Cascais, Abfahrt etwa alle 15 Min., die Fahrzeit beträgt rund 30 Min.

Seit Ende des 19. Jhs. Meerbäder bei der mondänen Gesellschaft in Mode kamen, entwickelte sich die windgeschützte **Costa do Estoril** mit ihrem milden Klima zur portugiesischen Riviera. Von der exklusiven Vergangenheit des Seebads **Estoril** künden noble alte Villen und Hotels, insbesondere das legendäre

Grandhotel Palácio, wo Exilkönige – z.B. Umberto I. von Italien – residierten und sich während des Zweiten Weltkriegs Spione der Alliierten mit Gestapo-Agenten an der Bar trafen. Zur gleichen Zeit bezahlten jüdische Flüchtlinge, die auf ein Schiff nach Amerika warteten, mit Familienschmuck die Hotelrechnung. Freilich waren sie nur eine verschwindend geringe Minderheit der insgesamt 100 000 Flüchtlinge aus Hitler-Deutschland, für die Lissabon 1940–1945 die Transitstation ins sichere Exil war.

Das Zentrum von Estoril bildet das palmengesäumte Band des Stadtparks mit dem **Spielkasino** (www.casino-estoril.pt, tgl. 15 bis 3 Uhr). Die Umgebung wartet mit einigen Golfplätzen (www.estorilsintragolf.net) und dem **Autódromo** für Autorennen auf. Der traditionelle British Touch von Estoril zieht heute wie damals viele betagte Briten an, die sich bei *Five O'Clock Tea* und Bridge wie zu Hause fühlen.

Info

Turismo do Estoril

- Avenida Clotilde
- Edifício Centro de Congressos
- Tel. 214 647 570
- www.estoril-portugal.com

Hotel

Hotel Inglaterra ●●

Außen Kolonialstil, innen charmant und qualitativ hochwertig eingerichtet, im Zentrum von Estoril.

- Rua do Porto 1
- Tel. 214 684 461
- www.hotelinglaterra.com.pt

Eine lange Strandpromenade verbindet Estoril mit **Cascais.** Vor dem Hafen liegt der malerische Rathausplatz. Dahinter findet sich in den Geschäften, Cafés und Restaurants der Fußgängerzonen ein buntes Angebot für Touristen. Beliebter Treff ist der hübsche **Largo de Camões** in Hafennähe.

Erst-klassig

Ein Spaziergang durch die stillere Oberstadt zum **Parque Marechal Carmona,** einem gepflegten Park mit kleiner Cafeteria am Ententeich, lohnt sich. Dort ist das **Museu Condes de Castro Guimarães** in einem ehemaligen Adelspalast untergebracht. Mit seiner originalen Innenausstattung ist er ein Beispiel für die romantischen Burgen, die sich Lissabonner Geldbarone um 1900 in Estoril und Cascais bauen ließen (Avenida Rei Humberto II., Tel. 214 825 401, Di–So 10–17 Uhr).

Vor dem Palast erstreckt sich der hübsche kleine Badestrand **Praia de Santa Marta.** Auf der *esplanada* kann man eine Kaffeepause einlegen und die Aussicht auf die neue Marina von Cascais genießen.

Info

Posto de Turismo

- Rua Visconde da Luz 14
- Tel. 214 822 327
- www.cm-cascais.pt

Hotels

Farol Hotel ●●●

Komfort am Felsstrand beim Leuchtturm.

- Avenida Rei Humberto II de Itália 7
- Tel. 214 823 490
- www.farol.com.pt

› Karte S. 124

»Wo das Land endet und das Meer beginnt«: Cabo da Roca

Casa da Pérgola ●●

Zauberhaftes altportugiesisches Haus mitten im Ort; 10 Zimmer.

- Avenida Valbom 13
- Tel. 214 840 040
- www.pergolahouse.pt

Residencial Solar Dom Carlos ●●

Historische Residenz in ehemals königlichem Palast mit schönem Garten, ruhige Oberstadt-Lage.

- Rua Latino Coelho 8
- Tel. 214 828 115
- www.solardomcarlos.com

Zwischenstopp: **Restaurant**

Casa Velha ●●

Das gehoben rustikale Restaurant im historischen Kern von Cascais ist vor allem auf Fisch und Meeresfrüchte spezialisiert.

- Avenida Valbom 1
- Tel. 214 832 586
- www.casavelha.eu

Entlang der Atlantikküste

Lissabon › Praia do Guincho › Cabo da Roca › Praia das Maçãs › Azenhas do Mar

Dauer: 1 Tag

Praktische Hinweise:

- Für diesen Ausflug empfiehlt sich ein Mietwagen oder das eigene Fahrzeug.
- Er ist aber auch per Linienbus durchführbar, der zwischen Cascais und Sintra verkehrt (Linie 403, ab Bahnhof etwa stündlich, Fahrzeit 1 Std.). Die Busse fahren nicht über Azenhas do Mar, das aber ab Sintra mit Buslinie 440 zu erreichen ist. Infos: www.scotturb.com

Wechselnde Landschaften geben der Fahrt entlang der Atlantikküste zwischen Cascais und dem Cabo da Roca viel Spannung. Die Küstenstraße führt über die **Boca do Inferno,** wo das Meer durch ausgewaschene Felsen schäumt, zum Leuchtturm Senhora da Guia und vorbei an der **Fortaleza do Guincho** (heute Luxushotel).

Hier wird die Küste felsiger und einsamer – bis zur dramatischen ***Praia do Guincho** 9. Mit fast ständig starkem Wind und mächtigen Atlantikwellen ist der Strand ein Paradies für Surfer. In der Dünen-

Erst-klassi

landschaft hinter der Praia locken einige Schlemmerlokale.

Zwischenstopp: **Restaurants**

Meste Zé ●●
Spezialität des Hauses ist *cataplana*, ein Schmortopf mit Meeresfrüchten. Tisch mit Meerblick reservieren!

- Estrada do Guincho 13
- Tel. 214 870 275
- www.mesteze.com

O Púcaro ●
Hier kann man leckere Fischgerichte in einem Pinienhain genießen.

- Estrada do Guincho
- Tel. 214 870 497
- Di geschl.

Nun windet sich die Straße bergauf, bis man bei **Azóia** links zum ***Cabo da Roca** **10** abzweigt, dem westlichsten Punkt des Kontinents mit einem Leuchtturm auf rund 140 m hoher Felskante. Vom Miradouro fällt der Blick steil hinab auf die gurgelnde See. Eine Steintafel gibt das zeitlose, auf das Cabo da Roca bezogene Zitat des portugiesischen Nationaldichters Luís de Camões wieder: »Onde a terra acaba e o mar começa« (»Wo das Land endet und das Meer beginnt«). Das Tourismusbüro verkauft sogar Urkunden, die den Besuch am Westkap Europas attestieren.

Zwischenstopp: **Restaurant**

Casa do Luís ●●
Fisch aus den Gewässern des Cabo da Roca und regionaltypische Grillspieße erwarten den Gast am Westkap.

- Azóia, Rua das Corredoras 2
- Tel. 219 292 721
- Mi geschl.

Von nun an geht es in vielen Schleifen bergab, bis sich schließlich hinter Pé da Serra ein atemberaubender Blick nach Norden öffnet. Im Tal nimmt man die Abzweigung nach **Praia das Maçãs** **11**, einem Badeort

SEITENBLICK

Pilgerstätte für Botaniker

Eine einzigartige Flora prägt das weit in den Atlantik vorgeschobene Cabo da Roca. Sie ist niedrig, sichtlich vom Wind gepeitscht und von Arten geprägt, die man andernorts in Portugal kaum zu Gesicht bekommt. Im zeitigen Frühjahr sprießen an den Felshängen die weißen Blüten der seltenen Grasnelke *Armeria pseudoarmeria.* Sie ist ein Endemit des Cabo da Roca, kommt also nur hier vor. Eine echte Nelke, die in diesem Gebiet endemisch ist, eine Unterart von *Dianthus cintranus,* zeigt ihre federförmigen rosafarbenen Blüten im Mai. Im Vorkommen auf die Umgebung des Cabo da Roca sowie auf Galicien beschränkt ist das sehr seltene, weiß, fast wachsfarben blühende Kuzinsky-Gedenkemein *(Omphalodes kuzinskyanae).* Als Teil des Naturparks Sintra-Cascais steht das Cabo da Roca heute unter Naturschutz. Allerdings gefährdet die aus Südafrika eingeführte Mittagsblume, die sich auf der Hochfläche am Kap unkontrolliert ausbreitet, die einheimische Flora.

› Karte S. 124

Spektakulär an der Steilküste gelegen: Azenhas do Mar

der Lissabonner, der sich für erholsame Tage eignet. Neben dem schönen Strand lockt ein großes Schwimmbad mit Meerwasserpool im 2 km weiter nördlich malerisch gelegenen ***Azenhas do Mar** 12.

Hotel

Casal Santa Virginia ●●

Von den Zimmern und Suiten der stilvollen Privatunterkunft blickt man direkt auf den tosenden Atlantik.

- Azenhas do Mar
- Avenida Luís Augusto Colares 17
- Tel. 219 283 198
- www.casalstvirginia.com

Zwischenstopp: Restaurant

Nautilus ●

Das kleine Esslokal bietet eine nette Atmosphäre.

- Praia das Maçãs
- Rua Gonçalves Zarco 1
- Tel. 219 291 816
- Mi geschl.

12

***Sintra 13 und Umgebung

Lissabon › Sintra

Dauer: 1 Tag

Praktische Hinweise:

- Nach Sintra gelangt man ab Lissabon (Estação do Rossio) bequem per Bahn (Linha de Sintra, Abfahrt alle 10–20 Min., Fahrzeit 40 Min.).
- Die Serra de Sintra lässt sich ab Sintra mit den touristischen Buslinien 434 (Castelo dos Mouros, Palácio da Pena) und 435 (Palácio de Monserrate) der Gesellschaft Scotturb (www.scotturb.com) erkunden.
- Zu jeder Jahreszeit gehört eine Jacke ins Gepäck.

Serra de Sintra

Immer etwas kühler als die Umgebung präsentiert sich die Serra de

Sintra. Auch wenn sonst überall die Sonne scheint, ist dieses Küstengebirge oft von Nebel verhangen. So wählten schon vor Jahrhunderten die portugiesischen Könige und in ihrem Gefolge zahlreiche Adlige die ehemalige Maurenfestung Sintra als Sommerresidenz.

Erst-! klassig

Das mildfeuchte Mikroklima begünstigt eine üppige Flora. Als im 19. Jh. Landschaftsgärten nach englischem Vorbild in Mode kamen, wetteiferten betuchte Hobbybotaniker miteinander in der Anlage exotischer Parks, allen voran der deutsche Prinzgemahl Dom Fernando, der Teile der steinigen Serra de Sintra in eine Waldlandschaft umwandeln ließ › S. 134. Sintra avancierte zum ersten europäischen Zentrum der romantischen Architektur. Die UNESCO hat Sintra deswegen als Weltkulturerbe gewürdigt. Quintas im Schatten von Palmen und Zedern, gerahmt von Kamelien, Rosen und Hortensien, sind heute Oasen der Stille und erzählen viel über das alte Portugal.

Sintra

Fremdartig wirkt das Ortsbild von Sintra (30 000 Einw.) durch die steilen Giebeldächer, die der Chalet-Mode des 19. Jhs. entstammen. Vertreten sind aber auch Häuser im Casa-portuguesa-Stil mit geschweiften Giebeln, Erkern, Kaminen und Fliesenbildern. Das besondere Flair des Ortes erschließt sich am besten auf Nebenwegen durch enge Treppengassen.

Vom 14. Jh. bis zum Ende der Monarchie 1910 diente der über einem maurischen Vorgängerbau errichtete ****Palácio Nacional de Sintra** als königliche Sommerresidenz. Damals war er unter dem Namen **Paço Real** bekannt. Der Bau wird von den konischen Riesenkaminen der Palastküche, dem Wahrzeichen Sintras, überragt.

Die wichtigsten Räume stammen aus der Zeit von König Manuel I. (16. Jh.). Maurische Wohntraditionen spiegelt die Raumfolge um schattige Brunnenhöfe wider, ebenso die halbhohe Wandverkleidung mit Sevillaner Azulejos aus dem 15./16. Jh., die reichste Sammlung ihrer Art in Portugal. An arabischen Vorbildern orientieren sich ebenfalls die geschnitzten Decken, sehr schön zu sehen in der Palastkapelle

Sintra aus der Vogelperspektive

(http://pnsintra.imc-ip.pt, tgl. 9.30 bis 18 Uhr).

In einem schon für sich sehenswerten Gebäude von 1920 zeigt das ***Sintra Museu de Arte Moderna** in Wechselausstellungen Highlights aus der umfangreichen Sammlung des Mäzens Joe Berardo › **S. 115**. Häufig sind international bekannte Künstler der zweiten Hälfte des 20. Jhs. wie Jackson Pollock, Andy Warhol und Roy Lichtenstein zu sehen, aber auch portugiesische Nachwuchskünstler können hier ihre Werke vorstellen. Das Café in der obersten Etage bietet einen schönen Blick auf den Königspalast (Avenida Heliodoro Salgado, Tel. 219 248 170, Di–So 10–18 Uhr).

Rund 40 000 Objekte beherbergt das Spielzeugmuseum, **Museu do Brinquedo**. Über mehr als 50 Jahre hinweg trug sie der Sammler João Arbués Moreira zusammen, beginnend im Alter von 14 Jahren mit Geschenken seiner Eltern und Großeltern. In den 1980er-Jahren übertrug er die Kollektion einer Stiftung, die das Museum einrichtete (Rua Visconde de Monserrate, Tel. 219 106 016, www.museu-do-brinquedo.pt, Di–So 10–18 Uhr).

Die Ende des 19. Jhs. von dem italienischen Architekten Luigi Manini für den brasilianischen Kakaoplantagenbesitzer Carvalho Monteiro errichtete **Quinta da Regaleira** vereint neogotische und neomanuelinische Elemente mit solchen des Jugendstils. Manini wirkte auch beim Bau der Mailänder Scala mit. Der Palast steht in einem mystischen Park mit Grotten, Teichen und Fontänen (Tel. 219 106 656, www.cultursintra.pt, Febr., März, Okt. tgl. 10–18.30, April–Sept. 10 bis 20, Nov.–Jan. 10–17 Uhr).

Info

Posto de Turismo

Hier ist u.a. ein Gratis-Stadtplan erhältlich. Eine weitere Filiale gibt es im Bahnhof.

- Praça da República 23
- Tel. 219 231 157
- www.cm-sintra.pt

Hotels

Hotel Sintra Jardim ●●

Villa mit Garten und Pool in schöner Lage.

- Travessa dos Avelares 12
- Tel. 219 230 738
- http://residencialsintra.blogspot.com

Hotel Nova Sintra ●

In der Altstadt von Sintra nicht weit vom Bahnhof, geräumige Sonnenterrasse.

- Largo Afonso Albuquerque 25
- Tel. 219 230 220
- www.novasintra.com

Zwischenstopp: Restaurant

Tulhas ●●

Rustikal in einem historischen Gebäude. Serviert werden z.B. Schmorlamm und Bacalhao.

- Rua Gil Vicente 4
- Tel. 219 232 378
- Mi geschl.

São Pedro de Sintra

Der Ortsteil São Pedro de Sintra ist beliebtes Wochenendziel, vor allem zur Feira de São Pedro de Penaferrím an jedem zweiten und vierten

Erst-klassig

Die Quinta da Regaleira ist umgeben von einem verwunschenen Park

Sonntag im Monat (9–18, im Sommer bis 19 Uhr). Im Umkreis des in den Straßen veranstalteten Trödel- und Antikmarktes gibt es auch fest installierte Antiquitätenläden und eine Reihe guter Esslokale.

Zwischenstopp: Restaurant

Toca do Javalí ●●

Spezialitäten des Gartenrestaurants in São Pedro de Sintra sind Wildschwein und Hirsch.

- Rua 1° de Dezembro 16-B
- Tel. 219 233 503
- www.tocadojavali.com
- Mi geschl.

Castelo dos Mouros

Ein steiler Pflasterweg führt Fußgänger von Sintra hinauf zum Castelo dos Mouros. Bequemer ist es über die Straße Sintra–Pena zu erreichen. 1147 wurde die maurische Festung von Afonso Henriques, dem ersten portugiesischen König, erobert – ein entscheidender Schritt auf dem Weg zur vollständigen Reconquista. Die sich um Felskämme windende Burgmauer ist gut erhalten. Vom Wehrgang bietet sich ein beeindruckender Blick bis zum Tejo und zum Cabo da Roca (März–Mitte Okt. 9.30–20, sonst 10–18 Uhr).

**Palácio da Pena

Auf der höchsten Felsspitze der Serra de Sintra thront der Palácio Nacional da Pena. Mit dem Bau über einer verfallenen Klosteranlage aus manuelinischer Zeit begann der deutsche Architekt Baron Eschwege 1840 im Auftrag des Prinzgemahls der portugiesischen Königin Maria II., Ferdinand von Sachsen-Coburg-Gotha (Dom Fernando), der bis zu seinem Tod 1885 Unsummen in das Projekt steckte. Die Räume mit ihrer teils bizarren Ausstattung sind noch genauso belassen, wie die letzte Bewohnerin, Königin Amélia,

› Karte S. 124

Im Park von Monserrate

sie 1910 bei ihrer Flucht ins Exil hinterließ (Ende März–Okt. tgl. 9.45–19 Uhr, Terrassen bis 19.30, sonst 10–18 Uhr).

Weit über die Berghänge erstreckt sich der 270 ha große **Parque da Pena** mit Rosengärten, einem tropischen Baumfarntal, Teichen, exotischen Pavillons, einem dunklen Forst aus ostasiatischen Nadelbäumen und dem verspielten **Chalet da Condessa D'Edia** (Park und Chalet Ende März–Okt. tgl. 9.30–20, sonst 10–18 Uhr).

*Palácio de Monserrate

Diesen maurisch-gotisch-indischen Palast, ein märchenhaftes Beispiel für den viktorianischen Orientalismus, ließ der englische Textilmagnat Sir Francis Cook in den 1860er-Jahren errichten. Berühmtheit erlangte vor allem der Park als Symbol des romantischen Sintra. Von den ursprünglich 3000 gepflanzten exotischen Arten haben verschiedene Baumriesen, Kamelienalleen, Azaleenhaine sowie schöne Baumfarne bis heute überlebt (Ende März–Okt. 9.30–20, sonst 10 bis 18 Uhr, Palast nur bis 19 bzw. 17 Uhr).

Erst-! klassig

Convento dos Capuchos

Eine Idylle im Wald ist das kleine Kapuzinerkloster, 1560 von Álvaro de Castro in Erfüllung eines Gelübdes seines Vaters erbaut. Die winzigen, unter Felsüberhängen eingerichteten Zellen zeugen von der bescheidenen Lebensführung der dem Franziskanerorden angehörenden Mönche. Die asketische Strenge wird nur in der Klosterkapelle durchbrochen, die mit blauen Fliesen ausgekleidet ist (Ende März bis Okt. tgl. 9.30–20, sonst 10–18 Uhr).

Alle beschriebenen Sehenswürdigkeiten der Serra de Sintra werden von der Gesellschaft Parques de Sintra S.A. (Tel. 219 105 340, www.parquesdesintra.pt) verwaltet. Sie bietet Kombitickets für die vier Parks einschließlich Palästen für 32 € sowie Vergünstigungen für Familien, Kinder und Senioren an.

Hotel

Tivoli Palácio de Seteais ●●●
Luxuriöses Palasthotel in Miradouro-Lage mit Freskenräumen (19. Jh.).
- Tel. 219 233 200
- www.tivolihotels.com

Rokokopalast von Queluz 14

Lissabon › Queluz

Dauer: 1 Tag
Praktische Hinweise:

- Queluz liegt an der Bahnlinie Lissabon–Sintra › S. 21, Fahrzeit ca. 15 Min.

Am Rand der gleichnamigen Stadt liegt der ***Palácio Nacional de Queluz**. Mit dem Bau des Palastes, eines der größten Rokokoschlösser Europas, wurde 1747 begonnen. Das »portugiesische Versailles« gab Prinz Pedro, ein Bruder des damaligen Königs, als Sommerresidenz in Auftrag. Interessanter als das stuckverzierte Innenleben des Palácio ist sein Park. Die streng geometrische, terrassenförmige Gartenanlage, für die der französische Architekt Jean Baptiste Robillion ebenso wie für Teile des Palastes verantwortlich zeichnete, zieren aus Italien und England importierte Vasen, Marmor- und Bleistatuen sowie vielfarbige Azulejo-Bilder. Gliedernde Elemente sind Buchsbaumhecken, Teiche und Wasserspiele (Largo do Palácio, Tel. 214 343 860, http://pnqueluz.imc-ip.pt, tgl. 9–17.30 Uhr).

Erst-! klassig

Hotel

Pousada de Queluz/Lisboa Dona Maria I. ●●●
Stilvolle Unterkunft in einem Trakt des Palastes, der früher der königlichen Wache vorbehalten war. In der ehemaligen Palastküche, der Cozinha Velha, kann man mittags wie abends feudal speisen. Formelle Kleidung wird im Restaurant erwartet.

- Largo do Palácio Nacional
- Tel. 214 356 158
- www.pousadas.pt

Verspieltes Rokokoschloss von Queluz

Klosterschloss von Mafra 15

Lissabon › Mafra

Dauer: 1 Tag
Praktische Hinweise:

- Von Lissabon ab Ⓜ Campo Grande starten Busse der Gesellschaften Barraqueiro (www.barraqueiro transportes.pt) und Rodoviaria do Tejo (www.rodotejo.pt) etwa stündlich, Fahrzeit ca. 1 Std.

Der ***Palácio Nacional de Mafra,** als Palast- und Klosteranlage mit Basilika konzipiert, war ein gigantisches Bauprojekt (1707–1750) des absolutistischen Barockkönigs João V., das den spanischen Escorial in den Schatten stellen sollte. Finanzieren konnte er es mit Gold und Diamanten aus der damaligen Kolonie Brasilien. Hinter der 220 m langen Hauptfassade verbergen sich 880 Räume, die kaum jemals bewohnt waren. Der Architekt war der aus Deutschland stammende Johann Friedrich Ludwig, genannt Ludovice › **S. 86**. In der Bauhütte von Mafra wurde eine Generation portugiesischer Baumeister ausgebildet, darunter Portugals größter Barockbildhauer Machado de Castro › **S. 52**.

Der imposante Klostertrakt von Mafra

Die interessantesten Räume sind die des **Klosters,** in dem 300 Mönche lebten, insbesondere die **Apotheke** und die **Bibliothek** mit rund 35 000 Bänden, darunter alten Handschriften und Erstausgaben – ein Hort abendländischen Wissens. In der komplett mit Marmor ausgekleideten **Basilika** verdienen die italienischen Heiligenfiguren (18. Jh.) besondere Beachtung, ebenso wie die sechs (!) Orgeln, für die eigens geschaffene Partituren existieren, die nur in der Kirche von Mafra ausgeführt werden können (Terreiro Dom João V., Tel. 261 817 550, www.imc-ip.pt, Mi–Mo 10–17.30, Basilika tgl. 10–13, 14–17 Uhr, Bibliothek (Leserservice) Mo–Sa 10 bis 12.30, 14–17 Uhr, Eintritt So und Fei bis 14 Uhr gratis).

Erst-! klassi

Im Roman **Das Memorial** (Rowohlt TB, 1997) des Nobelpreisträgers **José Saramago** ist nachzulesen, wie 50 000 Männer für den Bau des Klosterschlosses zum Frondienst gezwungen und von Aufsehern mitleidlos geschunden wurden.

Info

Posto de Turismo de Mafra

- Palácio Nacional de Mafra (Nordturm)
- Terreiro D. João V.
- Tel. 261 817 170
- www.cm-mafra.pt

Infos von A–Z

Ärzte und Apotheken

Bei der Deutschen Botschaft kann man deutschsprachige Ärzte erfragen. Die Notaufnahme *(Urgência)* des Hospitals Santa Maria (Av. Egas Moniz) steht für Notfälle bereit. Gesetzlich Krankenversicherte lassen sich gegen Vorlage der europäischen Krankenversicherungskarte (EHIC) behandeln. Eine Reisekrankenversicherung garantiert freie Arztwahl und Rücktransport im Notfall.

Apotheken *(farmácias)* sind Mo–Fr 9–13 und 15–19 Uhr geöffnet, Sa nur vormittags; Sonntagsdienste sind an den Apotheken angeschrieben.

Diebstahl

Lissabon ist eine der sichersten Metropolen Europas, aber auch hier sind Taschendiebe und Autoknacker unterwegs. Deshalb: Nichts im Auto liegen lassen! Anzeigen erstattet man bei der Wache der **Touristenpolizei PSP,** im Palácio Foz neben dem Turismo, Praça dos Restauradores, Tel. 213 421 634.

Diplomatische Vertretungen

- **Deutsche Botschaft**
  Campo dos Mártires da Pátria 38
  Tel. 218 810 210 | Fax 218 853 846
  www.lissabon.diplo.de
- **Österreichische Botschaft**
  Avenida Infante Santo 43
  Tel. 213 943 900 | Fax 213 958 224
  lissabon-ob@bmeia.gv.at
- **Schweizerische Botschaft**
  Travessa do Jardim 17
  Tel. 213 944 090 | Fax 213 955 945
  www.eda.admin.ch/lisbon

Elektrizität

Die Netzspannung beträgt 220 Volt, die Steckdosen entsprechen mitteleuropäischem Standard.

Feiertage

- Neujahr (Ano Novo)
- Karfreitag (Sexta-Feira Santa)
- 25. April (Dia da Liberdade, Jahrestag der Revolution von 1974)
- 1. Mai (Dia Internacional do Trabalho, Tag der Arbeit)
- 10. Juni (Dia de Camões, Gedenktag für den berühmten Dichter)
- 13. Juni (Dia de Santo António, Stadtfeiertag von Lissabon)
- 1. November (Todos-os-Santos, Allerheiligen)
- 8. Dezember (Imaculada Conceição, Mariä Empfängnis)
- 25. Dezember (Natal, Weihnachten)

Weitere gesetzliche Feiertage wie Fronleichnam oder Mariä Himmelfahrt wurden im Rahmen der aktuellen Sparmaßnahmen der Regierung abgeschafft. Viele Geschäfte schließen aber nach wie vor am Karnevalsdienstag und am 26. Dezember.

Geld

Zahlungsmittel in Portugal ist der Euro (€). Mit EC-Karte (Maestro oder VPAY) und PIN kann man an Automaten Bargeld abheben und (ebenso wie mit Kreditkarte) in vielen Hotels, Restaurants, Tankstellen und Supermärkten bezahlen. VPAY funktioniert nur, wenn ein Chiplesegerät vorhanden ist.

Fundbüro

Secção de Achados
Praça Cidade Salazar | Lote 180
Olivais Sul | Ⓜ Olivais.
Mo–Fr 10–12.30, 13.30–17 Uhr

Information

- **In Lissabon:** Turismo de Lisboa, Palácio Foz, Praça dos Restauradores Tel. 213 463 314, tgl. 9–20 Uhr;

Lisboa Welcome Center
Praça do Comercio, Tel. 210 312 810, auch Hotelreservierung; www.visitlisboa.com, www.askmelisboa.com

- Filialen gibt es am Flughafen, im Bahnhof Santa Apolónia und in der Rua Augusta. Bei allen Büros bekommt man einen kostenlosen Stadtplan sowie den Veranstaltungskalender »Follow me Lisboa«.
- **Im Internet:** Turismo de Portugal www.visitportugal.com info@visitportugal. com

Die nationale Tourismusbehörde Turismo de Portugal unterhält im Ausland keine Infobüros für Endkunden.

Notruf

- Polizei und Krankenwagen: Tel. 112
- Pannendienst (ACP): Tel. 707 509 510
- Touristenpolizei: Tel. 213 421 623

Öffnungszeiten

- **Geschäfte:** Mo–Fr 9–19, Sa bis 13 Uhr. Die großen Einkaufszentren (Centros Comerciais) schließen teilweise erst um 23 Uhr.
- **Postämter:** Mo–Fr 9–18 Uhr; Hauptpostamt, Praça dos Restauradores: 8.30–22 Uhr, Sa, So 9–18 Uhr.

Telefon

Ortsvorwahlnummern gibt es nicht. Alle Teilnehmernummern sind neunstellig.

GUT ZU WISSEN

Turismo de Lisboa bietet eine Reihe von Karten an (www.askmelisboa.com), die den Aufenthalt in der Stadt günstiger und einfacher gestalten:

- Die **Lisboa Card** gilt für einen Tag (18,50 €, Kinder bis 15 Jahre 11,50 €), zwei (31,50 bzw. 15,50 €) oder drei Tage (39 bzw. 20,50 €). Damit können sämtliche öffentliche Verkehrsmittel (z.B. auch nach Cascais oder Sintra) gratis benutzt werden. Enthalten ist auch der Eintritt in wichtige Museen und Sehenswürdigkeiten. Andere Museen geben bis zu 50 % Rabatt.
- Wer beim Einkaufen sparen möchte, dem sei die **Lisboa Shopping Card** empfohlen (24 Std. 3,70 €; 72 Std. 5,80 €). Bei Vorlage dieser Karte gewähren zahlreiche Geschäfte Rabatte zwischen 5 und 20 %.
- Inhaber der **Lisboa Restaurant Card** (gültig für 72 Std., 2 Pers. 8,10 €) erhalten in über 35 Restaurants der Stadt 10–20 % Rabatt.
- Mit dem **Táxi Voucher** können Fahrten im Voraus bezahlt werden. Man hat damit die Garantie, einen zuverlässigen, fremdsprachenkundigen Fahrer zu einem seriösen Preis zu bekommen (Verkauf am Flughafen und im Lisboa Welcome Center).
- **Für Autofahrer:** Die Verkehrsituation in der Stadt ist mit anderen Großstädten vergleichbar, die Parkmöglichkeiten sind stark eingeschränkt. Selbst ernannte Parkeinweiser erwarten ein Trinkgeld (0,50–1 €). Es empfiehlt sich, das Auto in der Hotelgarage abzustellen. Alle Ziele in und um Lissabon sind gut mit öffentlichen Verkehrsmitteln zu erreichen.
- Beim **Einsteigen in Busse** oder allgemein beim Schlangestehen verhalten sich die Portugiesen sehr diszipliniert. Es gibt kein Drängeln, man reiht sich ein und wartet. Man steigt im Bus immer vorne ein, wo das Lesegerät für die Chipkarte steht.

Brücke der Superlative: Ponte Vasco da Gama

Die Festnetznummern in Lissabon beginnen mit einer 2, Mobilnummern mit einer 9. Telefonkarten (Telecom Card PT) gibt es bei der Post und am Kiosk zu kaufen. Telecom-Service, am Rossio, tgl. 8–23 Uhr.

Das **Mobilfunknetz** ist flächendeckend, GSM-Handys funktionieren problemlos. Roamingfähige Handys wählen sich automatisch in eines der portugiesischen Netze ein.

Vorwahlen:

- Deutschland 00 49
- Österreich 00 43
- Schweiz 00 41
- Portugal 0 03 51

Trinkgeld

Trinkgeld ist im Restaurant, Hotel oder bei Taxifahrten üblich. 5–10 % des Rechnungsbetrages sind durchschnittlich angemessen. Gepäckträger erwarten ca. 1 €/Koffer, Zimmermädchen ca. 1 € pro Tag/Zimmer.

Zeit

In Lissabon gilt Westeuropäische Zeit (WEZ), d.h. ganzjährig bei Ankunft die Uhr um eine Stunde zurückstellen.

Zollbestimmungen

Waren des persönlichen Gebrauchs können innerhalb der EU-Länder zollfrei ein- und ausgeführt werden. Als Richtmengen pro Person gelten: 800 Zigaretten, 200 Zigarren, 90 l Wein, 10 l Spirituosen.

Bei Einreise in die Schweiz gelten folgende Freimengen pro Person über 18 Jahre: 1 l mit mehr oder 2 l Spirituosen mit weniger als 15 Vol.-% Alkoholgehalt, 200 Zigaretten oder 100 Zigarillos oder 50 Zigarren oder 250 g Tabak, 500 g Kaffee und 50 g Parfüm sowie Souvenirs bis zum Wert von 175 € bzw. 300 CHF.

Urlaubskasse	
Espresso (uma bica)	0,75–1 €
Milchkaffee (galão)	ca. 1,50 €
Softdrink	ca. 1,50 €
Glas Bier	1,50–2 €
Pastéis de nata	ab 0,75 €
Eis	1,50 €
Taxifahrt (pro km)	ca. 1 €
Mietwagen/Tag	ab 20 €

Register

A Brasileira, Café 30, 81
Afonso Henriques 42, 63, 67, 133
Águas Livres 99
Alfama **65**
Almada Negreiros, José 52, 97, 105
Alto de Monsanto 48, 125
Amália Rodrigues 69
Amélia, Dona 118, 133
Amoreiras 98
Antonius von Padua, hl. 54, 64
Apotheken 137
Araújo, Rosa 104
Arco Monumental (Triumphbogen) 77
Arruda, Franciso de 116
Ärzte 137
Avenida da Liberdade 47, **104**
Avenidas Novas 48
Azenhas do Mar 130
Azulejos 14, 31, 51, 53, 120

Bairro Alto 36, **87**
Bairro Arco do Cego 48, 110
Bairro da Estrela 69
Baixa **71**
Basílica da Estrela 96
Belém **111**
Berardo, Joe (José) 51, 115, 116, 132
Bessa Luís, Agustina 51
Bevölkerung 41
Bica 92
Boca do Inferno 128
Bordalo Pinheiro, Rafael 85, 98, 124
Bosch, Hieronymus 95
Boytac, Diogo 114

Cabo da Roca 129
Cacilhas 36
Caetano, Marcelo 43
Cafés 30
Cais do Sodré 18, **78**
Caixa Geral de Depósitos 109
Camões, Luís de 49, 50, 81, 114, 116, 129
Campo de Ourique 97
Campo de Santa Clara 68
Campo dos Mártires da Pátria 102
Campo Grande 52, **121**
Campo Pequeno 108
Cardoso Pires, José 51
Carlos I. 43, 77, 118
Casa do Alentejo 102
Casa dos Bicos 61
Casa Fernando Pessoa 97
Casa Museu Amália Rodrigues 57, 89
Casa-Museu Dr. Anastácio Gonçalves 108
Casa-portuguesa-Stil 48, 110
Cascais 21, **126**
Castelo de São Jorge **64**, 69
Castilho, João de 114
Castro, Álvaro de 134
Cemitério dos Prazeres 97
Centro Comercial Amoreiras 98
Centro Cultural de Belém 116
Centro de Arte Moderna (Museu Calouste Gulbenkian) 106
Cervejarias (Bierkeller) 27, 91
Cervejaria Trindade 84
Chafariz d'El Rei 66
Chanterène, Nicolas de 114
Chiado **81**
Chiado, António Ribeiro 81
Coliseu dos Recreios 102
Conde Barão 92
Cordeiro, Arsénio 109
Costa, António 40
Costa da Caparica 21
Costa do Estoril 21, 126
Culturgest 55, 110

Dias, Bartolomeu 42, 116
Diebstahl 137
Dinis 42
Diplomatische Vertretungen 137
Direitinho, José Riço 51
Docas de Santo Amaro 36

Eléctrico 28 12, 17, 20
Elevador da Bica 12, 17, 92
Elevador da Glória 12, 17, 86
Elevador de Santa Justa 12, 17, **74**
Elevador do Lavra 12, 17, 102
Ericeira 21
Ermida de São Gens e de Nossa Senhora do Monte 70
Eschwege, Baron 133
Estação do Rossio 21, 101
Estação Fluvial Terreiro do Paço 77
Estádio da Luz 22
Estádio José Alvalade 22
Estoril 21, **126**

Fábrica dos Pastéis de Belém 31, 117
Fado 67
Fähren 18
Feiertage 137
Feira da Ladra 32, 68
Ferdinand von Sachsen-Coburg-Gotha (Dom Fernando) 131, 133
Fundbüro 137
Fußball 22

Gama, Vasco da 42, 112, 114, 116
Gare do Oriente 123
Garrett, Almeida 81
Goethe-Institut 104
Golf 21
Graça **69**
Gulbenkian, Calouste 51, 101, **106**

Heinrich der Seefahrer 42, 51, 95, 112, 114, 116
Hospital de São José 104

Igreja Conceição Velha 78
Igreja da Encarnação 84
Igreja de Loreto 84
Igreja de Santa Engrácia 68
Igreja de São Miguel 65
Igreja de São Roque 85
Igreja de São Vicente de Fora **67**
Igreja do Carmo 85
Igreja dos Marianos 95
Igreja dos Mártires 81
Igreja Santo António 64
Igreja Santos-a-Velha 93
Information 137
Instituto Superior Técnico 110

Jardim Botânico 52, **90**
Jardim Botânico da Ajuda 118
Jardim Botânico Tropical 52, 117
Jardim da Estrela 52, 97
Jardim das Amoreiras 98
Jardim do Torel 69, 104
Jardim Zoológico (Zoo) 20
João I. 42
João III. 42, 114
João V. 43, 86, 136
Jorge, Lídia 51
José I. 77, 118
Junior, Norte 48

Kunsthandwerk 33, 53

Lagoa de Albufeira 21
Lalique, René 107
Lapa 95
Largo da Rosa 70
Largo das Portas do Sol 64
Largo de São Paulo 92
Largo do Carmo 85
Largo do Chiado 84
Largo do Rato 91
Largo Martim Moniz 70
Lisboa Story Center – Memórias da Cidade 77
Literatur 49
Lobo Antunes, António 51
Lourenço, Eduardo 51
Ludovice (Ludwig, Johann Friedrich) 86, 136
Luís Filipe 43, 77

Machado de Castro, Joaquim 52, 63, 77, 136
Madragoa 93
Mãe d'Água das Amoreiras 98
Mafra 50, **136**
Manuel I. 42, 45, 113, 114, 116
Manuel II. 43
Manuelinik 45, 113
Maria I. 77, 96
Maria II. 133
Märkte 32
Martins, Dr. Sousa 104
Mercado da Ribeira 33, **78**
Mesnier de Ponsard, Raoul 74
Miradouro da Graça 69, 70
Miradouro de Santa Catarina 92
Miradouro de Santa Luzia 64, 69
Miradouro do Monte 69, 70
Miradouro São Pedro de Alcântara 69, 86
Modernismo 48
Monteiro, Pardal 105, 110
Mosteiro dos Jerónimos 20, 46, **112**
Mouraria **70**
Museo do Fado 51
Museu Arpad Szenes – Vieira da Silva 98
Museu Calouste Gulbenkian 51, **106**
Museu Colecção Berardo 51, 116
Museu da Água 20, 121
Museu da Cidade 121
Museu da Electricidade 118
Museu da Marioneta 20, 93
Museu de Arte Popular 116
Museu de Marinha 51, 115
Museu do Chiado (MNAC) 82
Museu do Fado 57, 67
Museu do Oriente 95
Museu-Escola de Artes Decorativas 65

Museu Histórico e Etnográfico da Sociedade de Geografia de Lisboa 102
Museu Nacional de Arqueologia 115
Museu Nacional de Arte Antiga (MNAA) 51, **94**
Museu Nacional de História Natural 90
Museu Nacional do Azulejo 51, 120
Museu Nacional dos Coches 20, 117
Museu Nacional do Teatro (MNT) 125
Museu Nacional do Traje e da Moda 51, 125
Museu Rafael Bordalo Pinheiro 124

Nelkenrevolution 44
Notruf 138
Núcleo Museológico da Rua dos Correeiros 76

Oceanário de Lisboa 19, 123
Öffnungszeiten 138

Paços do Concelho 77
Padrão dos Descobrimentos 116
Palaçano, Guedelha 87
Palácio Azurara 65
Palácio dos Carvalhos 88
Palácio dos Marqueses da Fronteira 14, 52, **126**
Palácio Galveias 108
Palácio Ludovice 86
Palácio Nacional da Ajuda 118
Parken 138
Parlamento de São Bento 89
Parque das Nações 19, **122**
Parque Eduardo VII 52, **106**
Parque Florestal de Monsanto 20, 126
Parque Mayer 105
Pavilhão do Conhecimento – Ciênca Viva 19, 122
Pessoa, Fernando 30, 50, 76, 78, 81, **84**, 97
Pombal, Marquês de 43, 46, 72, **77**, 88, 106
Ponte do 25 de Abril 48
Ponte Vasco da Gama 49
Praça da Figueira 73
Praça das Flores 89
Praça do Comércio **77**
Praça do Império 115
Praça do Princípe Real 87
Praça dos Restauradores 101
Praça Duque de Saldanha 107
Praia das Maçãs 21, 129
Praia do Guincho 21, 128

Queirós, Eça de 48, 50, 81
Queluz **135**
Quinta do Monteiro Mor 124
Quiosque do Tivoli 104

Real Fábrica de Tapices 108
Rego, Paula 52
Rodrigues, Amália 56, 89
Romantismo 47
Rossio **73**
Rua Augusta **74**
Rua das Portas de Santo Antão 102
Rua Garrett 81
Rua Vieira Portuense 117

Saldanha 107
São Bento 89
São Paulo 92
Saramago, José 50, 136
Sé 63
Sebastião 85
Severa Onofriana, Maria 56, 70
Sintra **130**
- Castelo dos Mouros 133
- Museu de Arte Moderna 132
- Museu do Brinquedo 132
- Palácio Nacional da Pena 133
- Palácio Nacional de Sintra (Paço Real) 131

Soares, Mario 44
Szenes, Arpad 98

Tafelmalerei 51, 94
Taxis 17, 138
Teatro Nacional de São Carlos 55, 82
Teatro Nacional Dona Maria II 55, 73
Terra, Ventura 48
Terzi, Felipe 67, 86
Torga, Miguel 51
Torre de Belém 20, 46, **116**
Trinkgeld 139

Vergünstigungen 138
Vicente, Gil 49
Vieira da Silva, Maria Helena 52, 98
Vila Bertha 69
Vila Rodrigues 69
Vinzenz, hl. 63, 95

Wilmotte, Jean-Michel 82
Windsurfen 21
Wirtschaft 41

Zoll 139

Bildnachweis

Coverfoto Hieronymus-Kloster in Belém © laif/Tobias Gerber
Fotos Umschlagrückseite © Fotolia/Seal do Mar (links); laif/Thomas Grabka (Mitte), Fotolia/mtrommer (rechts)
Alamy/Martin Beddall: 54; Alamy/Geo Travel: 22; Alamy/The Print Collector: 94; Alamy/Peter M. Wilson: 18; APA Publication/Mark Read: 46; Bildagentur Huber/Sean Gallagher: 56; Bildagentur Huber/Gräfenhain: 71; Bildagentur Huber/Mehlig: 100; Bildagentur Huber/Spila Riccardo: 14, 93; Fotodesign Herzig: 122; Fotolia/ArTo: 80; Fotolia/Silvia Artunes: U2-4; Fotolia/Manuel Fernandes: 139; Fotolia/guentermanaus: 99; Fotolia/Profikris: 118; Fotolia/Pippa West: U2-1; Fotolia/TMAX: 43; Ralf Freyer: 117; IFA-Bilderteam/Jon Arnold Images: 58, 105; IFA-Bilderteam/Jose Fuste Raga: 119; IFA-Bilderteam/Rau: 135; Jahreszeitenverlag/GourmetPictureGuide: 26, 29; Jahreszeitenverlag/Arthur F. Selbach: 10; laif/Tobias Gerber: 6, 13; laif/hemis: 111; laif/Hilger: 114; laif/A. Hub: 78; laif/IML: 60, 65; laif/Malte Jäger: 30, 68; laif/Kristensen: 38/39; laif/Invision/Joao Pedro Marnoto: 33; laif/hemis.fr/Rabouan: 107; laif/Selbach: 76; laif/Frank Siemers: 88; LOOK-foto/age fotostock: 19, 36, 45, 85, 89, 130; LOOK-foto/Tina u. Horst Herzig: 1; LOOK-foto/Ingolf Pompe: 53; LOOK-foto/travelstock44: 86; LOOK-foto/Thomas Peter Widmann: 79, 97, 102, 133; mauritius-images/Cuboimages: 90; Pixelio/bildpixel: 96; Pixelio/tokamuwi: 110; Heidrun Reinhard: 15, 125, 131, 134; shutterstock/John Copland: 136; shutterstock/Gubin Yury: 72; Willy G.M.C. van Sompel: 49, 67; Martin Thomas: U2-2; Web Gallery of Art: U2-3.

Impressum

Herausgeber: TRAVEL HOUSE MEDIA GmbH, München
Verlagsleitung: Michaela Lienemann
Redaktionsleitung: Grit Müller
Autorinnen: Heidrun Reinhard und Susanne Lipps
Redaktion: Annette Pundsack, Redaktion A–Z, Köln
Bildredaktion: Ulrich Reißer
Visuelle Neukonzeption und Layout: Gramisci Editorialdesign, München, und Ute Weber, Geretsried
Titeldesign-Konzept: Gramisci Editorialdesign, München, und Ute Weber, Geretsried
Karten und Pläne: Theiss Heidolph
Satz: Tim Schulz, Mainz
Druck: Stürtz Mediendienstleistungen, Würzburg

Dieses Buch wurde auf chlorfrei gebleichtem Papier gedruckt.
ISBN 978-3-8464-9908-5

www.polyglott.de

Liebe Leserin, lieber Leser,

wir freuen uns, dass Sie sich für diesen Polyglott on tour entschieden haben.
Unsere Autorinnen und Autoren sind für Sie unterwegs und recherchieren sehr gründlich, damit Sie mit aktuellen und zuverlässigen Informationen auf Reisen gehen können. Dennoch lassen sich Fehler nie ganz ausschließen. Wir bitten Sie um Verständnis, dass der Verlag dafür keine Haftung übernehmen kann.

Ihre Meinung ist uns sehr wichtig. Bitte schreiben Sie uns:
TRAVEL HOUSE MEDIA GmbH, Redaktion Polyglott, Grillparzerstraße 12, 81675 München, redaktion@polyglott.de

Langenscheidt Mini-Dolmetscher Portugiesisch

Allgemeines

Guten Tag.	Bom dia. [bõ **dia**]
Hallo!	Olá! [o**la**]
Wie geht's?	Como está? [**ko**mu‿isch**ta**]
Danke, gut.	Tudo bem, obrigado (m.) / obrigada (w.). [**tu**du bẽj ubri**ga**du / ubri**ga**da]
Ich heiße ...	Chamo-me ... [**scha**mu‿me]
Auf Wiedersehen.	Até logo / Adeus. [a**te lo**gu / a**de**·usch]
Morgen	manhã [ma**njã**]
Nachmittag / Abend	tarde [**tar**də]
Nacht	noite [**noj**tə]
morgen	amanhã [ama**njã**]
heute	hoje [**o**schə]
gestern	ontem [**õn**tẽj]
Sprechen Sie Deutsch / Englisch?	Fala alemão / inglês? [**fa**la‿alə**mãu** / in**glesch**]
Wie bitte?	Como, desculpe? [**ko**mu di~~sch~~**kul**pə]
Ich verstehe nicht.	Não entendo. [nãu ĩn**tẽn**du]
Sagen Sie es bitte nochmals.	Se faz favor, repita. [sə **fa~~sch~~** fa**wor** re**pi**ta]
Bitte, ...	Se faz favor, ... [sə **fa~~sch~~** fa**wor**]
danke	obrigado (m.) / obrigada (w.) [ubri**ga**du / ubri**ga**da]
was / wer / welcher	o que / quem / qual [u ke / kẽj / kwal]
wo / wohin	onde / para onde [**õn**də / **pa**ra **õn**də]
wie / wie viel	como / quanto [**ko**mu / **kwãn**tu]
wann / wie lange	quando / quanto tempo [**kwãn**du / **kwãn**tu **tẽm**pu]
warum	porquê [pur**ke**]
Wie heißt das?	Como se diz? [**ko**mu sə **di~~sch~~**]
Wo ist ...?	Onde está / Onde fica ...? [**õn**də‿isch**ta** / **õn**də‿**fi**ka]
Können Sie mir helfen?	Podia-me ajudar? [pu**dia**‿mə a~~sch~~u**dar**]
ja	sim [sĩ]
nein	não [nãu]
Entschuldigen Sie.	Desculpe. [di~~sch~~**kul**pə]
Das macht nichts.	Não faz nada. [nãu fa~~sch~~ **na**da]
Gibt es hier eine Touristeninformation?	Há por aqui uma informação turística? [**a** pur‿a**ki u**ma ĩnfurma**ßãu** tu**risch**tika]

Shopping

Wie viel kostet das?	Quanto custa isto? [**kwãn**tu **kusch**ta **isch**tu]
Das ist zu teuer.	É caro demais. [e **ka**ru də**maisch**]
Das gefällt mir (nicht).	Eu (não) gosto disso. [eu (nãu) **gosch**tu **di**ssu]
Wo ist hier eine Bank?	Onde há um banco? [**õn**də a ũ‿**bãn**ku]
Ich möchte 100 g Käse / zwei Kilo Orangen.	Queria cem gramas de queijo / dois kilos de laranjas. [ke**ri**a sẽj **gra**masch də **kej**~~sch~~u / dojsch **ki**lusch də la**rãn**~~sch~~asch]
Haben Sie deutsche Zeitungen?	Tem jornais alemães? [tẽj ~~sch~~ur**najsch** alə**mãjsch**]
Wo kann ich telefonieren?	Onde posso telefonar [**õn**də **po**ssu telefu**nar**]

Essen und Trinken

Die Speisekarte bitte.	A ementa, se faz favor. [a e**mẽn**ta sə fa~~sch~~ fa**wor**]
Brot	pão [pãu]
Kaffee	café [ka**fe**]
Tee	chá [scha]
mit Milch / Zucker	com leite / açúcar [kõ **lei**tə / a**ßu**kar]
Orangensaft	sumo de laranja [**ß**umu də la**rãn**~~sch~~a]
Suppe	sopa [**ßo**pa]
Fisch / Meeresfrüchte	peixe / mariscos [**pei**schə / ma**risch**kusch]
Fleisch / Geflügel	carne / aves [**kar**nə / **a**wəsch]
vegetarisches Gericht	prato vegetariano [**pra**to wə~~sch~~əta**rja**nu]
Eier	ovos [**o**wusch]
Salat	salada [sa**la**da]
Dessert	sobremesa [sobrə**me**sa]
Obst	fruta [**fru**ta]
Eis	gelado [~~sch~~e**la**du]
Wein	vinho [**wi**nju]
weiß / rot / rosé	branco / tinto / rosé [**brãn**ku / **tĩn**tu / ro**se**]
Bier	cerveja [ser**we**~~sch~~a]
Wasser	água [**a**gwa]
Mineralwasser	água mineral [**a**gwa mine**ral**]
mit / ohne Kohlensäure	com gas / sem gas [kõ gas / ßẽj gas]
Limonade	limonada [limo**na**da]
Ich möchte bezahlen.	A conta, se faz favor. [a **kõn**ta, sə fa~~sch~~ fa**wor**]